DE LA

# JURIDICTION DIRECTE

DU

# CONSEIL D'ÉTAT,

## DE SES ATTRIBUTIONS ET DE SA COMPOSITION,

SELON LE PROJET DE LOI DU 1er FÉVRIER 1840,
ET LES AMENDEMENS DE LA COMMISSION
DE LA CHAMBRE DES DÉPUTÉS;

PAR

**M. A. DE VIDAILLAN,**

Ancien Élève de l'École polytechnique,

Maître des Requêtes au Conseil d'État.

DUFEY, LIBRAIRE,
Rue des Marais Saint-Germain, no 17.

MDCCCXLI.

DE LA

# JURIDICTION DIRECTE

DU

# CONSEIL D'ÉTAT.

## Ouvrages du même Auteur :

**DE L'ÉLIGIBILITÉ A TRENTE ANS,** Paris, 1829.

**HISTOIRE POLITIQUE DE L'ÉGLISE,** Paris, 1832. 3 vol. in-8.

**VIE DE GRÉGOIRE VII,** Paris, 1837. 2 vol. in-8.

SAINT-DENIS.— IMPRIMERIE DE PREVOT.

DE LA

# JURIDICTION DIRECTE

DU

# CONSEIL D'ÉTAT,

## DE SES ATTRIBUTIONS ET DE SA COMPOSITION,

SELON LE PROJET DE LOI DU 1er FÉVRIER 1840,
ET LES AMENDEMENS DE LA COMMISSION
DE LA CHAMBRE DES DÉPUTÉS;

PAR

**M. A. DE VIDAILLAN,**
Ancien Élève de l'École polytechnique,
Maître des Requêtes au Conseil d'État.

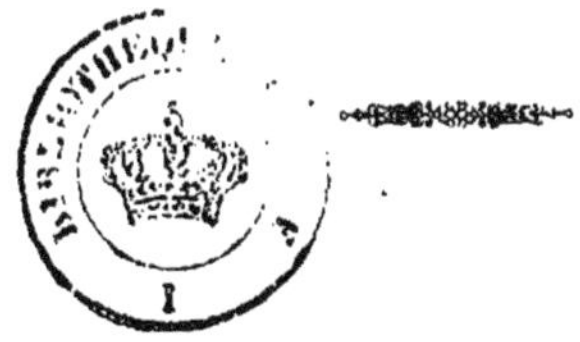

DUFEY, LIBRAIRE,
Rue des Marais Saint-Germain, n° 17.

MDCCCXLI.

# PRÉFACE.

Les services rendus au gouvernement par le Conseil d'Etat sont de jour en jour mieux appréciés, et le temps suffira désormais pour faire justice des accusations et des préventions dont il a été l'objet. A mesure que s'éloignent les souvenirs mal compris du Conseil d'Etat impérial, et que disparaissent les traces laissées par les tendances contre-révolutionnaires de la Restauration, principales causes de l'hostilité parlementaire annuellement déclarée à ce grand corps, l'opinion publique revient de son aveuglement injuste et passionné. Elle ne voit plus des fonctionnaires publics sur le siége de magistrats, et elle comprend que si le Conseil d'Etat est l'instrument le plus précieux du gouvernement, il est aussi la garantie la plus solide des libertés publiques.

Mais s'il faut laisser à l'action du temps et à l'influence même du Conseil d'Etat, le soin de le faire apparaître et juger tel qu'il est, il ne m'a pas semblé qu'on pût ajourner, avec autant de longanimité, sa défense contre les propositions de la majorité de la commission de la Chambre des Députés et contre les erreurs qu'elles réveillent. Depuis dix ans à peine, le gouvernement a, de son propre mouvement, accordé à la justice du Conseil d'Etat, les garanties tant de fois proclamées suffisantes, alors qu'on les voyait obstinément refusées, et déjà l'on essaie de diriger contre cette institution ainsi complétée, les mêmes accusations et les mêmes injustices. La commission de la Chambre des Députés les provoque et les sanctionne par des théories imprudentes, qu'elle applique à une organisation incompatible avec le gouvernement établi par la Charte.

J'ai cru qu'il appartenait à un membre du Conseil d'Etat de combattre des principes, selon moi, inconstitutionnels, subversifs de toute véritable liberté, contraires à la nature d'une institution éminemment libérale et conservatrice, qui est également propre, comme corps administratif suprême, à maintenir dans la voie légale l'administration, et, comme tribunal, à apprécier les droits des citoyens en contestation avec elle. Je ne me suis cependant pas dissimulé les difficultés d'une entreprise où le zèle ne suffit pas. Aussi je me suis muni de toutes les armes; j'ai été plagiaire le plus que je l'ai pu. J'ai beaucoup emprunté, sans scrupule, aux discussions des Chambres, aux écrits des publicistes. Mon unique pensée a été d'employer les meilleurs moyens de bien défendre une cause, qui touche non seulement aux intérêts du Conseil d'Etat, mais encore aux droits des citoyens et aux libertés publiques. Je n'aspire à obtenir que ce témoignage de mes maîtres et de mes collègues.

Octobre 1840.

# CHAPITRE PREMIER.

## Analyse des divers Projets de Loi sur le CONSEIL D'ÉTAT, PRÉSENTÉS AUX CHAMBRES DEPUIS 1830.

Si l'on jugeait de la difficulté d'organiser, par une loi, le Conseil d'Etat, d'après les nombreuses et inutiles tentatives faites pour y parvenir, on serait induit à croire que cette difficulté est insurmontable. Mais un examen attentif de la question démontre que les obstacles ne tiennent pas à la nature même de l'institution. Pendant la Restauration, la tribune de la Chambre des Députés n'a cessé de retentir annuellement de plaintes et d'accusations contre ce grand corps, que la Constitution de l'an VIII avait, il est vrai, placé le premier et le plus haut dans la hiérarchie administrative, mais que la Charte de 1814 ne comprenait pas dans les rouages du régime constitutionnel. On ne voulait point voir que cette Charte n'avait pas mentionné non plus la Cour de cassation et la Cour des comptes, l'une sommet de l'ordre judiciaire, l'autre dernière juridiction de l'ordre financier. Elles étaient à peu près en dehors de la sphère politique : l'esprit d'opposition ne les attaquait pas; son point de mire favori, le prétexte de ses plus vives agressions était le Conseil d'Etat, en rapports plus immédiats avec les intérêts publics, dont le gouvernement semblait s'éloigner de plus en plus chaque jour. Aussi l'Opposition du parlement et de la presse attaquait sa légalité constitutionnelle (1); son utilité était contestée (2); son action, mal jugée; ses services, déniés; son indépendance, mise en doute. On lui refusait le droit de diriger l'administration du pays, de la contrôler, de la contenir dans les limites des lois, de préparer la solution régulière des questions contentieuses, que soulèvent les mesures prises ou les décisions rendues par l'administration. Un homme d'Etat illustre, qui a débuté dans la magistrature la plus élevée, par un acte dont le courage donne tant de poids à son opinion sur l'indépendance des juges, ne voulait pas du Conseil d'Etat comme

(1) Si l'existence du Conseil d'Etat est un fait incontestable, l'illégalité de son existence, soit comme tribunal, soit comme autorité législative, est un fait moins contestable encore. (*Constitutionnel*. — 7 novembre 1828.)

(2) L'inconstitutionnalité de ces créations n'a pas besoin d'être démontrée ; leur utilité peut-elle être prouvée ? (*Ibid.*)

corps judiciaire (1). Les aveugles partisans de cette doctrine ne modéraient pas leur langage, parce qu'ils ne raisonnaient pas leur répulsion. L'un disait que, comme cour judiciaire, le Conseil d'Etat, dans tous ses genres et dans toutes ses espèces, est extrà-légal comme il est anticonstitutionnel (2). L'autre écrivait, peu de temps après, que ce corps, tout à la fois politique et judiciaire, n'est point reconnu par la Charte; qu'il est une espèce d'usurpation, qui menace trop nos libertés pour ne pas être l'objet d'une protestation continuelle (3) : plus loin, qu'on peut être assuré qu'à mesure qu'il acquerra une attribution nouvelle, la nation perdra une de ses garanties constitutionnelles et une partie

(1) *Revue française.*—1828.

(2) *Les Constitutions de tous les peuples*, par le comte Lanjuinais; tom. I, p. 303.

(3) *De la Justice criminelle en France*, par M. Bérenger; p. 55.

de ses libertés (1) ; plus loin encore, que la justice administrative était plus libéralement rendue sous l'ancienne monarchie absolue, que sous le gouvernement constitutionnel (2) ; enfin, que le mode le plus simple est d'avoir pour toutes les matières judiciaires, civiles et administratives, la même justice, les mêmes tribunaux, les mêmes magistrats, la même manière de procéder (3). Il n'est pas étonnant que l'opinion publique s'imprégnât d'une hostilité ainsi soutenue à la tribune, dans les journaux, dans des écrits estimés, par des hommes éminens : et le Conseil d'Etat, inconstitutionnel et inutile, n'était plus que le servile instrument des volontés ministérielles, tant, lorsqu'il s'agissait de ce grand corps, on était injuste, aveugle et prévenu.

(1) *De la Justice criminelle en France*, par M. Bérenger ; p. 62.

(2) *Ibid.* p. 352.

(3) *Ibid.* p. 357.

Il semblait donc établi que le Conseil d'Etat n'avait de base ni légale ni utile. D'après cette conviction irréfléchie et cette erreur accréditée, les uns, les plus ardens, demandaient le renvoi aux tribunaux de toutes les affaires contentieuses et la décision complète par les bureaux ministériels, qui les avaient instruites, des autres affaires administratives : c'était simplement la suppression du Conseil d'Etat et le retour à l'administration du Directoire. Ces partisans de la liberté ne voyaient pas que la réponse à leur demande était le despotisme. Les adversaires modérés du Conseil d'Etat réclamaient sa consécration par une loi organique, tout en attaquant ses décisions et son existence, le représentant tantôt comme une commission qui exerçait une juridiction d'exception, sous le bon plaisir des ministres; tantôt comme une sorte de magistrature extra-légale et irresponsable, qui donnait des avis et rendait des décisions, dont les ministres se prévalaient pour mettre leur responsabilité à couvert. Dans la vérité, le Conseil d'Etat n'est point lui-même un pouvoir public; ce n'est que l'instrument d'un des pouvoirs publics définis par la Charte. Quand il n'existerait pas, la plupart des affaires soumises à son examen n'en seraient pas moins de la compétence administrative. Ce n'est pas à cause de lui que cette compétence existe, c'est au contraire à cause de cette compétence qu'il a été institué (1).

Mais les accusations n'étaient arrêtées par aucune raison, par aucun souvenir, par aucune évidence. On ne voulait pas se rappeler l'histoire du Conseil d'Etat, c'est-à-dire l'histoire de la séparation de l'autorité judiciaire et de l'autorité administrative. Le besoin de cette séparation s'était fait sentir depuis longtemps, puisque l'origine du Conseil d'Etat

(1) Rapport de M. le comte Portalis à la Chambre des Pairs, en 1834, p. 2.

remonte au berceau même de la monarchie. Le Roi, dont l'autorité était sans limites, régnait, administrait, jugeait et combattait : le pouvoir absolu, c'était le Roi en son Conseil. Lorsque les devoirs de la royauté trop nombreux obligèrent le monarque à déléguer le pouvoir de distribuer la justice, il dut retenir la haute prérogative de casser les arrêts des parlemens, qu'il créait, s'ils contrevenaient aux lois et ordonnances du royaume ou s'ils attentaient aux immenses attributions, tantôt administratives, tantôt judiciaires qui restaient à son Conseil. Il faut avouer, dit M. de Cormenin, que ces attributions mal définies et la compétence entre les parlemens et les Conseils du Roi incomplètement réglée, malgré de nombreux édits (1), laissèrent subsister, entre ces deux grands pouvoirs, une collision

(1) Voyez principalement les réglemens des 8 janvier 1585, — 16 juin 1644, — 1er mai 1657, — 4 janvier 1673, — août 1669 et 1737, et juin 1738.

permanente et funeste, l'une des principales causes de la révolution de 1789, qui engloutit Roi, Parlemens et Conseils. Des Conseils, des Intendances et des juridictions exceptionnelles, la justice administrative passa aux Districts, aux Administrations de département, aux divers comités des assemblées nationales, au Directoire (1); les attributions judiciaires furent dévolues à la Cour de cassation (2). La Constitution de l'an VIII et les décrets qui en dérivèrent, firent du Conseil d'Etat une sorte de comité législatif, un moyen d'organisation gouvernementale et de jugement. Il était, dit encore M. de Cormenin, l'ame de l'administration, la source des lois et le flambeau de l'Empire. A la Restauration, le Conseil d'Etat perdit ses attributions poli-

(1) Lois du 1er décembre 1790 et du 6 juillet 1791.
(2) Décrets des 15 et 20 novembre 1789, — des 6 et 11 septembre 1790, — du 14 octobre 1790, — du 25 mai 1791, — du 1er fructidor an III, etc. etc.

tiques, qui ne pouvaient plus s'accommoder avec la responsabilité des ministres : Napoléon signait avec le ministre secrétaire d'Etat. L'ordonnance du 29 juin 1814, qui organisa le Conseil du Roi, portait à la fois l'empreinte des souvenirs de l'ancien régime, de la crainte du Conseil d'Etat impérial et des nécessités du gouvernement représentatif. Bientôt au contraire, l'ordonnance du 23 août 1815, modifia, suivant les réminiscences de l'Empire, cette organisation incomplète. On s'inclinait devant la leçon des Cent Jours. Peu à peu le Conseil d'Etat remonta au rang élevé dont il n'aurait pas dû descendre; il reçut par des ordonnances ses attributions anciennes et des attributions nouvelles par des lois. Il retrouva dans les institutions cette première place, que les passions seules s'obstinaient aveuglément à lui refuser. La nécessité de son existence et de ses travaux était donc sanctionnée par les siècles, par les dynasties, par le concours de tous les hommes, par l'évidence de tous les faits. Cette expérience des générations prouve que le Conseil d'Etat est compatible avec toutes les formes de gouvernement, pourvu que son institution soit mise en harmonie avec le principe politique de chaque régime particulier. Qu'importe ! l'utilité du Conseil d'Etat n'en continua pas moins à être contestée, ainsi que son existence constitutionnelle.

L'on accusait surtout le Conseil d'Etat de ne pas être désigné dans la Charte de 1814, ou de n'y être implicitement compris que sous la condition de l'inamovibilité de ses membres. Cette Charte, après avoir établi les droits publics des Français, posait les limites qui séparent les pouvoirs politiques, et n'entrait point dans le détail de leurs élémens divers. Elle ne mentionnait nominativement aucun corps judiciaire ou administratif, et le principe que toute justice émane du Roi laissait au pouvoir le droit d'établir, par la loi, toute forme de la distribuer, soit qu'elle fût déléguée, soit qu'elle fût retenue. Quoique le Conseil d'Etat cessât d'appartenir à l'essence même du gouvernement et qu'il n'eût plus le droit de participer immédiatement à son action politique, sa légalité n'en demeurait pas moins évidente; il était institué par les décrets ayant désormais force de lois, par l'ordonnance du 29 juin 1814, contemporaine de la Charte. Chaque année, des dispositions législatives le reconnaissaient implicitement, en renvoyant à son examen un grand nombre de questions administratives et contentieuses. La seule conséquence logique à tirer de cette sorte de prétérition de la Charte de 1814, c'est que les institutions qui forment la hiérarchie administrative et la hiérarchie judiciaire : là, les conseils municipaux, les conseils d'arrondissement, les conseils généraux, la Cour des comptes; ici, les tribunaux de première instance, les Cours royales, la Cour de cassation, ne sont point établies par la loi fondamentale du royaume, et que s'il s'agissait de les réformer ou de les supprimer, on n'aurait à examiner que la convenance, l'utilité ou la nécessité de ces institutions en elles-mêmes, et non la nécessité, l'utilité ou la convenance de réviser, de modifier ou d'altérer la Charte.

Ce n'était pas seulement sur les questions générales de légalité constitutionnelle et d'utilité administrative que l'opinion publique était soulevée incessamment contre le Conseil d'Etat. Les orateurs ou les publicistes, qui reconnaissaient la nécessité d'un Conseil d'Etat et d'une juridiction administrative distincte de la juridiction des tribunaux, se plaignaient qu'il se trouvât dans la dépendance absolue du gouvernement; qu'il n'offrît aux intérêts privés, sur lesquels il avait à prononcer, aucune des garanties présentées par l'ordre judiciaire, la publicité, la discussion orale, l'inamovibilité des juges, et qu'il eût cependant un pouvoir véritablement discrétionnaire pour attirer à lui et priver de ces garanties constitutionnelles les affaires portées devant les tribunaux. Ainsi, l'existence, l'utilité, l'indépendance étaient déniées au Conseil d'Etat journellement par la presse, et, chaque fois que l'on discutait son budget, par la tribune. Cette guerre parlementaire de quinze ans, ces doléances répétées qui influaient si déplorablement sur la foi due à une justice régulière, forcèrent le gouvernement de la Restauration à faire des concessions successives (1), et il préparait un projet de loi organique, dans le sein d'une commission nommée par M. Courvoisier, lorsque la révolution de juillet survint........

La Charte de 1830 a gardé, sur le Conseil

(1) Ordonnance du 5 novembre 1828.

d'Etat, le même silence que celle de 1814. Ce fut une chance heureuse ou une prudente réserve pour ce corps naguères si attaqué. Les déclamations passionnées de ses adversaires avaient tellement fasciné l'opinion publique, que s'il eût été fait mention du Conseil d'Etat, alors que les meilleurs esprits auraient été impuissans pour lui prêter avec utilité l'appui de leur parole et de leur sagesse, cette mention aurait été peut-être fatale à son existence même. On avait tant crié à l'abus, qu'on aurait saisi l'occasion de le déraciner. Lorsqu'on se rappelle avec quel enthousiasme, pendant toute la durée, et surtout vers la fin de la Restauration, on se félicitait de l'inamovibilité des magistrats judiciaires, et avec quelle ardeur on demandait, en 1830, la suspension temporaire de cette garantie constitutionnelle, pour épurer les tribunaux; lorsqu'on se rappelle, dis-je, les assauts redoutables livrés, cette fois du moins contre le texte précis de la Charte, il est facile de comprendre dans quel abîme profond aurait été précipité un corps déclaré inconstitutionnel et surtout impopulaire.

Le gouvernement nouveau comprenait trop bien, non seulement les concessions que sa nature l'obligeait à faire, mais les besoins réels et légitimes de cette effervescence progressive, pour ne pas accorder les garanties qui devaient le plus la calmer, sans peut-être la satisfaire. Il était d'ailleurs provoqué par M. de Cormenin, qui avait soumis à la Chambre des Députés la proposition de consacrer, par une loi, la publicité des séances du Conseil d'Etat (1). Le pouvoir royal prit les devans; par les ordonnances des 2 février, 12 mars, et 9 septembre 1831, il établit la publicité des séances pour le jugement des affaires contentieuses et des conflits, les ob-

(1) *Moniteur* du 8 février 1831.

servations orales des avocats et un ministère public. Ces garanties étaient grandes; M. de Cormenin les juge ainsi : « Quoique promo« teur, sous la Restauration, du système de « l'inamovibilité, nous dirons, en toute bonne « foi, que la garantie de la défense orale et « de la publicité des audiences nous paraît « de beaucoup supérieure, et par conséquent « de beaucoup préférable à l'inamovibilité « même (1). » Malgré cela, il déniait au gouvernement le droit d'accorder, par ordonnance et même transitoirement, ces garanties, cette publicité, qui est, dit-il à la Chambre des Députés, le bouclier des juges, l'épreuve du jugement, l'ame de la justice; ce droit de publique défense que, dans la même discussion, M. Dupin regarde comme la première des garanties. Après avoir pris la proposition de M. de Cormenin en considération, la

(1) *Questions de droit administratif*, t. I, p. 57.

Chambre, malgré le rapport de M. Amilhau, qui pensait, avec la commission dont il était l'organe, que, dans l'intérêt du bien public et dans la rigueur du droit, une loi pouvait seule trancher des questions aussi importantes; malgré un autre député, qui voulait, comme en 1828, renvoyer tout le contentieux aux tribunaux (1), la Chambre donna son approbation aux mesures libérales prises par ordonnance, en rejetant la proposition de M. de Cormenin à la majorité de 155 suffrages contre 66.

Mais une loi sur le Conseil d'Etat n'en était pas moins demandée et pas moins nécessaire. Sous l'Empire et sous la Restauration, s'étaient accumulés, en s'amendant les uns les autres, une foule de décrets et de réglemens. Il règne, dans la conférence de ces diverses mesures, une inextricable confusion de

(1) *Des Attributions du Conseil d'Etat*, par M. Gaëtan de La Rochefoucauld.

dispositions et de principes, qui ne cessera que par la loi. Pour n'en citer qu'un exemple, les décrets avaient donné aux membres du Conseil d'Etat des garanties ; les ordonnances ne les ont pas maintenues. Les ordonnances n'ont pas été plus systématiques : celle du 5 novembre 1828 ne permettait de rayer du tableau les membres du Conseil que par une ordonnance spéciale, rendue sur le rapport du Garde-des-sceaux; l'ordonnance du 20 août 1830 met à la retraite treize Conseillers d'Etat et quatorze maîtres des requêtes, destitue vingt-quatre Conseillers d'Etat et douze maîtres des requêtes, sans compter la révocation des ordonnances qui en autorisaient un grand nombre à participer aux délibérations. Il serait également facile de montrer les formes de l'instruction des affaires plusieurs fois et diversement modifiées ; les divisions du Conseil établies et supprimées ; enfin partout une instabilité nuisible aux choses et aux hommes, une instabilité que la loi seule peut fixer. Les dispositions législatives, en effet, sont les seules qui échappent aux vicissitudes des hommes et des systèmes. Le gouvernement était trop éclairé pour ne pas reconnaître l'urgence de présenter une loi. Plus il attachait de prix aux améliorations qu'il avait introduites dans le Conseil par son autorité seule, plus il désirait leur imprimer un caractère de durée, par la sanction des trois pouvoirs.

Les fonctions du Conseil avaient été l'objet de plus d'attaques que son organisation. La justice civile, avec ses codes, semblait préférable à la justice administrative, qui n'a ni juridiction écrite ni formes invariables. Aussi, dans une ferveur irréfléchie, le gouvernement entreprit de faire rédiger, par une commission, le code complet de la juridiction administrative. Malgré de laborieux efforts, malgré le talent et l'expérience des hommes distingués qui la composaient, cette commission s'évanouit impuissante. La législation administrative, en effet, comprend tout ce qui n'est pas législatif ou judiciaire, c'est-à-dire l'ensemble de nos lois. Et ces lois, où tout est entassé, les principes, les réglemens, les choses, les droits, les intérêts; ces lois qui se commentent sans s'expliquer, qui se contredisent sans s'abroger, qui se rapportent sans se suppléer (1); ces lois faites souvent obscures par l'improvisation des amendemens, par les passions tumultueuses de la tribune; ces lois dont une jurisprudence précaire ne garantit pas toujours une saine application, ces lois ne sauraient néanmoins être remises en question toutes à la fois. L'effet le plus innocent de ces révisions générales, c'est l'interrègne des lois. La loi qu'on examine perd sa vigueur; celle qu'on propose

(1) M. de Cormenin.

de lui substituer n'existe pas encore. La sagesse conseille de ne procéder que progressivement à l'amélioration des lois et aux perfectionnemens sociaux. Il ne faut ébranler ni mettre en question *le tout de rien*, pour parler comme Montaigne : c'est à faire au temps, et il ne s'en acquitte que trop bien (1).

### Projet de Loi de 1833.

Ce n'est donc qu'en 1833 qu'un projet d'organisation du Conseil d'Etat fut présenté à la Chambre des Pairs, par M. Barthe, ministre de l'instruction publique (2). Ce projet de loi comprenait l'organisation générale du Conseil. Le ministre annonçait, dans un savant exposé des motifs, qu'il avait mis à profit de salutaires expériences, au premier rang desquelles prenaient place les travaux du Con-

(1) Rapport de M. le comte Portalis.
(2) Séance du 15 mai.

seil d'Etat lui-même; il discutait ses attributions, parce c'était de leur nature même que l'organisation devait se déduire; il le défendait de l'accusation de vouloir les étendre, puisqu'il n'était pas besoin de beaucoup étudier sa jurisprudence, pour demeurer convaincu que le Conseil d'Etat a été constamment porté à renvoyer à l'autorité judiciaire toutes les attributions dont il a pu raisonnablement se dessaisir; enfin il repoussait justement l'inamovibilité des Conseillers d'Etat, par des raisons fortes et concluantes, montrant un corps inamovible et irresponsable, quatrième pouvoir dans l'Etat, plus fort que tous les autres, et tel que l'ordre constitutionnel ne pourrait le supporter.

Une commission fut nommée pour examiner ce projet (1). La clôture de la session ne lui permit pas de présenter son rapport.

(1) Elle était composée de MM. Allent, le comte

## Projet de Loi de 1834.

Le même projet fut de nouveau présenté à la Chambre des Pairs, au commencement de la session suivante, et la même commission encore chargée de l'examiner (1). M. Portalis fit un rapport qu'il faut lire et méditer avec soin (2). Toutes les questions relatives au Conseil d'Etat, à ses fonctions, à ses formes de procéder, à son organisation, y sont approfondies avec le savoir d'un grand talent et l'autorité de l'expérience. M. Portalis justifie les droits de la compétence administrative, cause première de l'existence du Conseil d'Etat. Si l'on ne veut en effet tomber dans la confusion et dans l'anarchie, il n'y a qu'une autorité ad-

Bérenger, Girod (de l'Ain), le comte Portalis, le comte Rœderer, le baron Sylvestre de Sacy, le comte Siméon, le baron Zangiacomi, le baron Mounier.

(1) Séance du 11 janvier 1834.

(2) Séance du 25 janvier 1834.

ministrative qui puisse réformer les actes d'une autorité administrative. L'administration ne cesse point d'administrer, même lorsqu'elle statue sur des matières contentieuses. Donner de semblables attributions à un tribunal inamovible, ce serait élever au-dessus de l'administration un pouvoir, qui ne peut être indépendant d'elle sans qu'elle soit dépendante de lui. M. Portalis signale trois grandes améliorations introduites par le projet de loi : le rétablissement du comité du contentieux, à peu près tel qu'il était à son origine ; la consécration de la publicité des audiences et du droit accordé aux parties d'y faire présenter, par leurs avocats, des observations orales et sommaires sur les rapports ; troisièmement, l'abstention des Conseillers d'Etat en service extraordinaire des délibérations en matières contentieuses. Les ordonnances libérales de 1831 devenaient loi.

Une discussion approfondie suivit ce rapport aussi savant que lumineux. Les membres de la commission, c'est-à-dire les hommes les plus compétens, la plupart membres distingués du Conseil d'Etat impérial, dont quelques uns sont encore l'orgueil du Conseil d'Etat d'aujourd'hui; M. le comte Molé, M. le baron de Fréville, en un mot les hommes qui avaient la pratique du Conseil d'Etat et qui avaient également celle des plus hautes affaires du pays, prirent une part active et brillante à cette discussion. Les plus grandes questions furent soumises à ces grandes expériences et résolues par elles. La question de l'inamovibilité des Conseillers d'Etat était la plus importante, et fut la première traitée dans la discussion générale, par M. de Fréville, avec la rectitude profonde et la lucidité qu'il apporte à la tribune comme au Conseil. Il fit ressortir les garanties offertes aux droits et aux intérêts des citoyens, par une institution qu'il s'est accoutumé à regarder comme éminemment libérale ; il montra le rôle différent que joue l'autorité judiciaire, sous les gouvernemens absolus et dans les pays libres, et en conclut que, dans ceux-ci, la juridiction administrative offrait de suffisantes garanties, sans avoir besoin d'être exercée, soit par les tribunaux, soit par des juges investis aussi de l'inamovibilité (1).

La discussion des articles commença par celui qui n'admettait, dans le Conseil d'Etat, qu'un seul ministre, le ministre président. La Chambre, après de longs débats, décida que les ministres secrétaires d'Etat peuvent toujours prendre part aux délibérations du Conseil en matières non contentieuses.

Dans le projet de loi, le gouvernement n'avait fixé aucun âge d'éligibilité : la commission proposa et la Chambre adopta celui de trente ans pour les Conseillers d'Etat, de

(1) Séance du 27 janvier 1834.

vingt-cinq pour les maîtres des requêtes.

Le nombre des auditeurs était de quarante dans le projet de loi : la Chambre le porta à cinquante, sans vouloir se prononcer sur leurs attributions.

Le projet de loi stipulait que les Conseillers d'Etat ne pourraient être révoqués qu'en vertu d'une ordonnance spéciale et individuelle, rendue par le Roi, sur le rapport du ministre président du Conseil d'Etat et sur l'avis du Conseil des ministres : la commission ayant étendu cette garantie aux maîtres des requêtes, la Chambre l'approuva, déterminée surtout par les raisonnemens de M. Girod (de l'Ain), et de M. le baron de Fréville. Enfin elle maintint les prises maritimes dans les matières non contentieuses, et adopta le projet de loi par 91 suffrages contre 9.

### Projet de Loi de 1835.

En 1835, M. Persil soumit à la Chambre

des Députés un projet de loi, qui ne contenait plus le titre relatif aux attributions du Conseil (1). Le nouveau Garde-des-sceaux établit qu'éclairé par les discussions de l'année précédente et qu'ayant personnellement essayé de rédiger un projet de loi sur les attributions du Conseil d'Etat, il trouvait que ce qu'il convenait de faire, pour le moment, était, à l'imitation des procédés suivis pour les municipalités et les administrations départementales et d'arrondissement, de faire une simple loi d'organisation. Quand le Conseil, ajoutait-il, sera ainsi constitué par la loi, on pourra examiner s'il est possible de codifier ses attributions.

Organe de la commission de la Chambre, M. Laplagne, dans un rapport lumineux comme celui de M. le comte Portalis, réfuta facilement les raisons qui avaient fait aban-

(1) Séance du 20 février 1835.

donner à M. Persil l'œuvre de son prédécesseur et de la Chambre des Pairs (1). Il traita aussi les questions relatives au Conseil d'Etat, son organisation, ses fonctions, ses formes de procéder, et motiva le rejet, unanimement proposé par la commission, sur la crainte constitutionelle de donner trop d'extension peut-être au droit d'amendement, en ajoutant au projet de loi le titre des attributions, supprimé par le ministre de la justice. La commission cependant reconnaissait l'urgente nécessité de la loi, quelques unes des attributions du Conseil d'Etat étant plutôt fondées sur une interprétation, au moins très large, de la Constitution de l'an VIII, sur de simples ordonnances ou sur la jurisprudence, que sur une disposition précise de la loi.

(1) Cette commission était composée de MM. de Cormenin, de Salvandy, Amilhau, Bourdeau, Isambert, Laplagne, Léon de Maleville, Vivien, His.

### Projet de Loi de 1836.

La Chambre ne discuta point ce projet, et M. Persil le soumit plus complet à ses délibérations, pendant la session suivante (1). Le Garde-des-sceaux avait dû s'empresser de se rendre à un avis exprimé en termes si formels, et, après l'avoir fait examiner par le Conseil d'Etat lui-même, il présentait à peu près le projet adopté par la Chambre des Pairs en 1834, annonçant en même temps une loi destinée à régler les conflits (2). Les événemens ministériels emportèrent le Garde-des-sceaux, et son œuvre disparut avec lui.

### Projet de Loi de 1837.

La dernière de ces tentatives infructueuses eut lieu dans la session de 1837. M. Vatout

(1) Séance du 14 janvier 1836.

(2) La commission était composée de MM. Verne de Bachelard, Dumon, Laplagne, Thil, Odilon Barrot, Camille Périer, Vivien, Béranger, baron Fain.

fut le rapporteur du projet de loi présenté(1). Son rapport est remarquable ; il est le judicieux résumé des savans travaux de M. Portalis et de M. Laplagne, lorsqu'il ne soutient pas le paradoxe de la juridiction directe. Les trois questions qui constituent l'existence entière du Conseil d'Etat sont discutées par M. Vatout, quoique la majorité de la commission, au nom de laquelle il parle, ait adopté une organisation essentiellement différente de celle qu'établissait le projet discuté par la Chambre des Pairs, en 1834. Elle proposait l'inamovibilité pour une partie du Conseil, mesurant, sans en être effrayée, les conséquences de ce principe nouveau, mais cherchant par des moyens, dont l'expérience aurait bientôt appris l'inutile expédient, à renfermer le tribunal administratif dans des limites, que sa nature lui eut fait promptement franchir.

(1) La commission était composée de MM. Edmond Blanc, Thil, Tupinier, Vatout, Guizard, Cormenin, Odilon Barrot, Kératry, Charamaulc.

## CHAPITRE II.

### Rapprochement des Projets de Loi

ET DES AMENDEMENS PROPOSÉS PAR LES COMMISSIONS DES CHAMBRES.

Telle est la rapide énumération des travaux législatifs, sur lesquels le Garde-des-sceaux devait, en 1840, baser son projet de loi, sous peine de n'ajouter, à son tour, qu'un chapitre de plus à l'histoire d'essais si nombreux et si stériles. Mais avant d'examiner ce dernier projet de loi, rappelons-nous succinctement quel était le Conseil d'Etat, lorsque les divers

3

projets ont été présentés, depuis 1830; quels changemens ils devaient introduire; quel a été l'esprit du gouvernement et celui des Chambres dans les modifications successives, subies par le Conseil d'Etat.

Le Conseil d'Etat avait été fait le grand Conseil de l'Empire par Napoléon. Composé des hommes les plus éminens et les plus habiles, il s'occupait des plus grandes affaires; il était le premier, le plus élevé, le plus puissant de tous les corps constitués. Cependant il n'était que consultatif: l'Empereur décidait. Le dernier acte du Conseil d'Etat impérial fut l'éclatante réfutation du manifeste signé par l'Europe entière, conjurée contre nous.

La Restauration, malgré quelques hésitations, investit peu à peu le Conseil d'Etat des fonctions consultatives, que lui attribuaient les décrets et sa nature.

Après les ordonnances libérales de 1831, le Conseil d'Etat conserva son caractère purement consultatif, soit qu'il délibérât sur les affaires administratives, soit qu'il préparât les ordonnances en matières contentieuses. La responsabilité des ministres restait entière, puisqu'il fallait, à ses avis, la sanction de la signature royale : les ministres avaient donc la décision définitive. Quant à ses formes de procéder, elles n'avaient changé qu'extérieurement par la publicité des séances, par les plaidoiries des avocats, par l'institution d'un ministère public. Quant à son organisation, elle était à peu près telle que l'avaient établie les ordonnances du 26 août 1824 et du 5 novembre 1828 : il y avait un service ordinaire plus ou moins nombreux, siégeant seul aux séances judiciaires; un service extraordinaire participant aux discussions et aux délibérations administratives : la garantie d'une ordonnance spéciale pour la révocation; des catégories, quoique toujours violées, pour les choix de Conseillers d'Etat et de maîtres des requêtes;

des conditions d'âge ; la division du Conseil en cinq comités.

### Projets de loi présentés par le Gouvernement.

—

PROJET DE 1834.

Le projet de loi, adopté par la Chambre des Pairs, en 1834, comprenait les ministres, un Conseiller d'Etat vice-président, vingt-quatre Conseillers d'Etat, vingt-cinq maîtres des requêtes, un secrétaire-général ayant ce dernier titre, et quarante auditeurs. Ce projet imposait la condition de trente ans pour l'éligibilité des Conseillers d'Etat, de vingt-cinq pour les maîtres des requêtes; de vingt-un pour les auditeurs qui devaient être licenciés en droit. Il limitait à quarante Conseillers et à quarante maîtres des requêtes le nombre des membres du service extraordinaire, et aux deux tiers du service ordinaire le nombre de ceux qui seraient appelés à participer aux travaux du Conseil. Il déclarait l'incompatibilité du service ordinaire avec tout autre emploi administratif ou judiciaire, et celle du service extraordinaire avec les fonctions judiciaires (1). La révocation d'un Conseiller d'Etat ou d'un maître des requêtes ne pouvait être prononcée que par une ordonnance royale, rendue en Conseil des ministres, sur le rapport du ministre président du Conseil d'Etat. Ce projet contenait l'énumération sommaire des matières non contentieuses et contentieuses, sur lesquelles le Conseil d'Etat est appelé à délibérer, à donner son avis, à préparer les ordonnances qui statuent définitivement : il conservait les formes actuelles de délibérer, excluait le service extraordinaire des séances judiciaires,

(1) Les fonctions de maîtres des requêtes seront compatibles avec toutes autres fonctions qui leur auraient été ou qui leur seraient par nous conférées. (Décret du 11 juin 1806, art. 10.)

rétablissait un comité chargé de diriger l'instruction écrite et de préparer le rapport de toutes les affaires contentieuses, appelait dans certains cas un maître des requêtes pour compléter ou départager les Conseillers d'Etat, réservait enfin la demande en révision pour le cas où certaines formalités n'auraient pas été observées.

PROJET DE 1835.

Le projet de loi, présenté par M. Persil et rejeté unanimement par la commission de la Chambre des Députés, en 1835, composait le Conseil d'Etat d'un ministre président, des ministres, d'un Conseiller d'Etat vice-président, de vingt-quatre Conseillers d'Etat, de vingt-cinq maîtres des requêtes, d'un secrétaire-général, de quarante auditeurs, d'un nombre illimité de Conseillers d'Etat et de maîtres des requêtes en service extraordinaire et participant aux délibérations. Il consacrait l'incompatibilité; la condition de l'âge et de catégories indéterminées; la garantie de l'ordonnance spéciale pour la révocation. Il rétablissait l'inscription annuelle sur le tableau pour les auditeurs.

Il reconstituait un comité d'instruction du contentieux, avec six maîtres des requêtes, présidés par un Conseiller d'Etat, un ministère public, et excluait le service extraordinaire de ce comité, ainsi que des séances judiciaires.

Il maintenait la forme des délibérations, la réunion administrative et la réunion contentieuse, la publicité des séances contentieuses, les plaidoiries, les conclusions du commissaire du roi, la délibération à huis clos, la faculté d'y appeler jusqu'à trois maîtres des requêtes pour compléter ou départager les Conseillers d'Etat; la présence et la voix consultative des auditeurs de première classe aux séances publiques et administratives; des auditeurs de seconde classe aux comités.

PROJET DE 1837.

Le projet, présenté en 1837, composait le Conseil d'Etat des ministres, de Conseillers d'Etat, de maîtres des requêtes, d'auditeurs, d'un secrétaire-général ayant titre et rang de maître des requêtes, sous la présidence du Garde-des-sceaux ou d'un Conseiller d'Etat nommé vice-président : le service ordinaire, de vingt-cinq Conseillers d'Etat, y compris le vice-président, et de vingt-cinq maîtres des requêtes.

Le service extraordinaire pouvait être autorisé à participer, jusqu'à concurrence d'un nombre égal à celui des Conseillers d'Etat et des maîtres des requêtes en service ordinaire.

Tous les membres du Conseil prêtaient un serment, dans lequel était insérée l'obligation de garder le secret sur les délibérations.

Le service ordinaire incompatible avec tout autre emploi administratif ou judiciaire; la condition de l'âge; la garantie de l'ordonnance spéciale et individuelle pour la révocation; l'inscription annuelle sur le tableau pour les auditeurs, sauf pour ceux ayant plus de trois ans de service, qui ne peuvent être révoqués que par une ordonnance spéciale.

Le titre relatif aux fonctions du Conseil d'Etat énumérait d'abord les matières purement administratives, sur lesquelles il délibère ou donne son avis; puis les matières contentieuses, et enfin ajoutait : toutes celles qui, en vertu de dispositions législatives ou réglementaires, doivent être directement soumises à l'examen du Conseil d'Etat.

L'instruction des affaires en matières de prises maritimes se faisait sur mémoires, respectivement communiqués aux parties, et le rapport, en assemblée générale.

L'instruction écrite et le rapport des affaires contentieuses étaient faits par un comité, présidé par un Conseiller d'Etat et composé de maîtres des requêtes; les maîtres des requêtes, *commissaires* du Roi, faisaient partie de ce comité; le service extraordinaire n'assistait pas aux séances judiciaires; les avocats présentaient des observations verbales, et le commissaire du Roi donnait son avis.

Dans le cas où les formalités prescrites n'auraient *pas été observées*, l'ordonnance pouvait être l'objet d'une demande en révision.

### Projets de loi amendés par les Commissions.

—

EN 1834.

La commission de la Chambre des Pairs ne fit pas, en 1834, de nombreux amendemens au projet de loi présenté par M. Barthe. Le principe organique de la juridiction consultative ne fut point attaqué, point altéré. Les changemens ne portèrent que sur les garanties à accorder, soit au Conseil d'Etat lui-même, soit aux intérêts qu'il est appelé à apprécier. Ainsi la commission, outre les amendemens que nous savons déjà avoir été adoptés par la Chambre, étendit la garantie de l'ordonnance spéciale de révocation aux auditeurs ayant plus de trois ans d'exercice. Elle exigea la présence au moins de quinze Conseillers pour la validité de la délibération, et, dans le cas où il n'y en aurait que treize, et où le rapport ne serait pas fait par un Conseiller d'Etat, elle appelait deux des plus anciens maîtres des requêtes en service ordinaire pour compléter le nombre de quinze. Pour les délibérations contentieuses, un nombre impair et la présence de onze membres au moins ayant voix délibérative, étaient prescrits; s'il ne se trouvait en séance, avec le maître des requêtes rapporteur, que neuf Conseillers d'Etat, le plus ancien des maîtres des requêtes présens était appelé avec voix délibérative.

EN 1835.

La commission de la Chambre des Députés de 1835 n'eut point à amender le projet de loi présenté par M. Persil, puisqu'elle fût unanime pour en proposer le rejet.

EN 1837.

Celle de 1837 introduisit de profondes modifications dans le projet présenté par le gouvernement, qui ne différait point essentiellement des projets antérieurs. Elle stipula (ainsi que la Chambre des Pairs l'avait résolu en 1834) que les ministres pourraient prendre part aux délibérations du Conseil d'Etat, réuni en assemblée générale : que le Garde-des-sceaux en aurait la présidence; que le nombre des Conseillers d'Etat et des maîtres des requêtes en service extraordinaire serait égal à celui des membres du service ordinaire; que le serment prescrit serait celui qu'exige la loi du 31 août 1830; que le quart, au moins, des places de Conseillers d'Etat en service ordinaire, qui deviendraient vacantes, serait donné aux maîtres des requêtes; que les Conseillers d'Etat et les maîtres des requêtes, en service ordinaire, ne pourraient être révoqués qu'en vertu d'une ordonnance spéciale et individuelle, délibérée en Conseil des ministres, et contresignée par le Garde-des-sceaux et le président du Conseil; que les auditeurs, dont le nombre était fixé à soixante, cesseraient de faire partie du Conseil d'Etat s'ils n'étaient maintenus sur le tableau annuel, la garantie de l'ordonnance spéciale s'étendant cependant sur ceux qui auraient plus de cinq ans de service.

Le Conseil d'Etat, en assemblée générale du service ordinaire et extraordinaire, délibérait et donnait son avis sur les matières purement administratives, dans l'énumération sommaire desquelles n'étaient plus comptées les prises maritimes. C'est là du reste que commence l'altération fondamentale, que la commission fait subir au projet du gouvernement, dans son principe et dans ses formes. Examinons-le rapidement.

Le service ordinaire du Conseil d'Etat, réuni en assemblée générale, sous la présidence du Garde-des-sceaux, était appelé à délibérer et à donner son avis, conformément aux attributions qui lui sont déférées par les lois, sur les conflits; sur les réclamations pour incompétence ou excès de pouvoir dirigées contre les décisions des autorités administratives; sur les recours contre les arrêts de la Cour des comptes et autres décisions administratives, rendues en dernier ressort, en matière contentieuse; sur les autorisations aux communes de plaider; sur la validité des prises maritimes; sur la mise en jugement des agens du gouvernement; sur les appels comme d'abus; sur les oppositions formées à des ordonnances royales et sur les demandes en interprétation de ces ordonnances; sur les réclamations en matières d'élections des gardes nationales, des conseils généraux de département et d'arrondissement, et des conseils municipaux; sur les contestations relatives aux biens nationaux; sur les marchés en cours d'exécution. On voit que cette énumération transportait à la juridiction du service ordinaire quelques affaires, principalement les appels comme d'abus et les prises maritimes, précédemment attribuées à l'assemblée générale administrative.

Toutes les affaires contentieuses administratives, autres que celles mentionnées ci-dessus, tant pour l'assemblée générale que pour l'assemblée du service ordinaire, étaient déférées à une *Section de justice administrative*, formée de neuf Conseillers d'Etat et de six maîtres des requêtes en service ordinaire, désignés annuellement par le Roi; laquelle, après avoir entendu les avocats des parties et le commissaire du Roi, prononçait en dernier ressort, publiquement et séance tenante ou dans l'une des plus prochaines audiences; à moins toutefois que le commissaire du Roi n'eut requis de surseoir, l'affaire lui paraissant en dehors des attributions conférées à la Section de justice administrative. Lorsque l'affaire était ainsi évoquée, elle était renvoyée devant l'autorité, appelée par la loi à en connaître.

Il résulte de cet examen des dispositions proposées par le gouvernement et des amendemens faits par les commissions des Chambres, que le gouvernement a toujours considéré le Conseil d'Etat comme un *corps consultatif*, n'exerçant la justice administrative, que dans les limites où l'ont si sagement enfermée les principes consacrés par notre législation et par une expérience d'un demi siècle. C'est à ce point de vue que le gouvernement cherchait à organiser le Conseil d'Etat par une loi, sous le rapport des garanties accordées aux personnes, et par conséquent aux intérêts; sous le rapport des fonctions et des formes de procéder. L'administration restait juge des matières administratives, ainsi que l'avaient compris et l'ancien régime et l'Assemblée Constituante et la Convention elle-même; la responsabilité ministérielle, cette sauvegarde qui, un jour, sera constituée et réelle, ne se mettait pas derrière le commode abri d'une juridiction souveraine et irresponsable.

Les commissions des Chambres, après avoir discuté les questions agitées par l'opinion publique sur le Conseil d'Etat, avaient, jusqu'à l'année 1837, repoussé toute innovation dans le principe et dans la forme de la justice administrative. Les amendemens qu'elles proposaient, n'attaquaient pas ce principe, ne dénaturaient pas cette forme. En cherchant à donner quelques garanties de plus aux membres du Conseil d'Etat, elles tendaient surtout à rassurer les intérêts, alarmés par l'inquiétude répandue au nom du besoin de la juridiction directe et de l'inamovibilité. M. Portalis et M. Laplagne avaient victorieusement réfuté ces théories et répondu à ces prétentions. Avec eux, la justice administrative se montrait dans toute son utilité, dans son indispensable et sociale exception, dans ses formes protectrices, avec ses juges, que leur haute position seule suffirait à rendre indépendans et impartiaux, alors même que l'indépendance et l'impartialité ne seraient pas dans leur caractère. Placés en effet et assis à la sommité la plus élevée où puisse parvenir l'ambition administrative, ils n'ont nul besoin de l'inamovibilité pour juger selon leur conscience, de la juridiction directe pour assumer sur eux la responsabilité morale de leurs actes.

La commission de la Chambre des Députés, en 1837, n'a pas continué cet accord avec l'esprit du gouvernement, qui avait duré jusqu'à elle, dans l'appréciation de la justice administrative et des formes sous lesquelles elle doit être rendue. Elle a introduit un élément nouveau; elle a accepté l'une des exigences de l'opinion publique, puisqu'elle a accordé la juridiction directe, disant « qu'il « est assez difficile de faire comprendre qu'il « y a bonne justice, alors qu'un ministre, par « exemple, demeurera juge, en définitive, de la « réclamation dirigée contre sa propre déci- « sion; qu'il y a bonne justice, quand il n'y « a nulle part ni responsabilité politique, ni « responsabilité morale des décisions rendues; « quand l'organisation du corps appelé à la « rendre, les moyens et les instrumens ne ré- « pondent pas à la nature des choses et sem- « blent constituer un mensonge (1). » Men-

(1) Rapport de M. Vatout, p. 25.

songe !!! Il n'est pas étonnant que l'opinion publique égarée soit parvenue à faire prendre sa proposition en considération : cette fois la Chambre a accueilli la pétition, tant de fois ajournée.

L'opinion de la foule est donc là, frappant à la porte, l'enfonçant pour faire entrer ces garanties fausses et imaginaires, dont l'adoption imprudente entraînerait bientôt l'administration dans le désordre et dans la confusion. La Chambre des Pairs la repousse par la voix et par l'autorité des hommes les plus habiles, les plus dignes de commander l'adhésion, et d'inspirer de la confiance et du respect : le Conseil d'Etat de l'Empereur se soulève pour soutenir la véritable liberté. La majorité de la commission de la Chambre des Députés oublie que, « pour ceux qui ré- « clament des garanties plus fortes, un sys- « tème qui, modifiant ce qui existe, n'accor- « derait que la juridiction sans inamovibilité

« où l'inamovibilité sans juridiction, serait « considéré comme insuffisant (1). » Les deux attributions sont inséparables, ou elles le deviendraient bientôt. L'administration subit l'influence du temps et des opinions, qui doivent modifier sa marche et ses principes. La soumettre à la direction d'un pouvoir, qui ne serait pas pris dans son sein, qui n'aurait d'autre frein et d'autre règle que sa volonté, qui serait inamovible et souverain, ce serait l'exposer au despotisme du petit nombre, interrompre son cours régulier et son action constante, nécessaire à la vie du corps social. Cette réponse à la téméraire proposition d'une juridiction directe, dont on n'entrevoyait pas les conséquences, a été présentée sous mille formes. Mais la commission de la Chambre des Députés a proclamé que les garanties du passé ne seraient plus suffisantes

(1) Rapport de M. Laplagne, p. 18.

pour l'avenir ; que les améliorations de 1831 n'amélioraient pas encore assez. « Il y a là, « dit-elle, absence de la condition fonda- « mentale de toute justice, de ce lien intime « qui unit le juge au jugement, et qui, mêlant « quelque chose de religieux aux délibéra- « tions de la conscience, les environne du « respect des hommes : cette garantie morale « manque à la justice administrative ; il faut « la lui donner (1). Nous avons pensé que « plus on fortifierait la juridiction du Conseil « d'Etat, plus elle inspirerait de confiance, « plus elle attirerait à elle d'affaires ; nous « avons pensé que le moment était venu de « faire tomber à jamais des préventions affai- « blies sans doute, mais qui survivraient à « l'adoption d'un projet où la justice apparaî- « trait encore sous les dehors de l'arbitraire « et comme soumise au bon plaisir des mi-

(1) Rapport de M. Vatout, p. 23.

« nistres (1). » C'est sans doute un moyen très facile de dissiper des préventions, même affaiblies, que de leur donner gain de cause; mais les véritables hommes d'Etat combattent les préventions et ne leur cèdent point. C'est nuire à la liberté que d'adopter ses erreurs. Les méfiances, entretenues par les ennemis du pouvoir, ne résistent pas à l'action du temps, lorsqu'elles sont basées sur les passions d'un moment ou sur de fausses maximes; on peut quelquefois leur faire des concessions temporaires. Un gouvernement sage doit se garder, comme d'un mal irréparable, de leur faire jamais des concessions de principes. Et dans l'immense question de la juridiction directe du Conseil d'Etat, à côté de ces prétendues craintes, de ces prétendus scrupules d'une opinion faussée, il y avait « d'autres « craintes à calmer, d'autres scrupules à mé-

(1) Rapport de M. Vatont, p. 25 et 26.

« nager; il ne fallait pas prêter les mains à une « création qui, dans sa domination souve-« raine, marcherait sur la tête de tous les « autres pouvoirs; il ne fallait pas remettre « aux mains de la partie du Conseil d'Etat, « qui rendrait des *arrêts*, le droit de pronon-« cer sur les grandes questions qui peuvent « intéresser la marche générale des affaires, « la sûreté ou la dignité de l'Etat; il ne fallait « pas, enfin, subordonner l'action du gou-« vernement à un pouvoir inamovible, sans « appel, et se mettre à la discrétion de ses « erreurs ou de ses excès (1).

La commission, qui a tout prévu, dit-elle, qui a tout maintenu dans des proportions équitables et constitutionnelles, les prérogatives de la couronne, l'autorité de ses conseillers, l'intérêt des parties, la commission prétend qu'elle n'a pas commis cette faute.

(1) Rapport de M. Vatout, p. 26.

## CHAPITRE III.

### Du Projet de Loi de 1840

ET DES AMENDEMENS PROPOSÉS PAR LA COMMISSION DE LA CHAMBRE DES DÉPUTÉS.

---

TITRE I^er^. — *Composition du Conseil.*

Telle était l'organisation du Conseil d'Etat; tels les projets du gouvernement pour la consolider par une loi; tels les derniers amendemens de la Chambre des Députés, lorsqu'a été rendue l'ordonnance du 18 septembre 1839. On a beaucoup critiqué cette ordonnance; la presse et les hommes les plus compétens ont été unanimes pour en blâmer plusieurs dispositions. Ici nous ne devons examiner que l'esprit dans lequel elle a été conçue.

Le but de cette ordonnance n'a été que de modifier la composition du Conseil d'Etat, « d'ajouter aux garanties que présente déjà « cette grande institution. » Elle a porté à trente le nombre des Conseillers, en service ordinaire, qui était de 24 ; — également à trente le nombre des maîtres de requêtes, qui était de 26 ; — elle a approuvé celui de quatre-vingt pour les auditeurs ; — elle a admis l'incompatibilité des fonctions de Conseiller d'Etat ou de maître des requêtes en service ordinaire avec tout autre emploi administratif ou judiciaire ; — la garantie, pour eux, de l'ordonnance de révocation en Conseil des ministres ; — la fixation du service extraordinaire aux deux tiers du service ordinaire ; — la condition d'âge ; — des catégories pour les Conseillers d'Etat et maîtres des requêtes en service extraordinaire; — la division du Conseil en comités, portés au nombre de six par le rétablissement de celui de législation; enfin elle a maintenu ses formes actuelles de délibération, tant pour les matières administratives que pour les matières contentieuses.

On le voit; cette ordonnance n'attaque nullement les principes fondamentaux sur lesquels repose le Conseil d'Etat. Elle organise le personnel; elle respecte l'institution. Il est vrai que les Chambres ont plusieurs fois rappelé au pouvoir que le personnel dépend de l'institution elle-même, qu'il en est une *fonction nécessaire*; qu'on ne peut l'organiser par une ordonnance, parce qu'il faut que le Conseil entier le soit par une loi (1). C'est le point de vue sous lequel le gouvernement considère, sans cesse, le Conseil d'Etat que nous

(1) Rapport de M. Laplagne.

cherchons, et tout annonce, dans cette ordonnance, qu'à ses yeux, le Conseil d'Etat n'a pas changé son caractère *consultatif*. Après cette ordonnance organique, le Conseil d'Etat est ce qu'il était.

M. Teste avait annoncé un projet de loi ; il l'a présenté à la Chambre des Députés (1). Ce projet est la répétition de l'ordonnance du 18 septembre. Il compose le personnel des ministres secrétaires d'Etat, d'un vice-président, de trente Conseillers d'Etat, de trente maîtres des requêtes, de quatre-vingts auditeurs. Il consacre l'incompatibilité; l'ordonnance spéciale de révocation ; la condition d'âge; des catégories pour la nomination du service extraordinaire, limité aux deux tiers du service ordinaire; la cessation de la participation aux travaux avec la cessation des fonctions. Le titre relatif aux fonctions résume les diffé-

(1) Séance du 1er février 1840.

rentes attributions du Conseil d'Etat. Pour rester dans les limites du possible, dit le rapport au Roi, il fallait renoncer à faire une énumération complète et détaillée de toutes les dispositions législatives ou réglementaires, qui ont déterminé les attributions du Conseil d'Etat et laisser, aux lois spéciales, le soin d'introduire séparément et peu à peu, dans l'état de choses actuel, les changemens qui pourraient à l'avenir paraître nécessaires. Aussi l'énumération est rapide, soit pour les matières sur lesquelles le Conseil d'Etat est nécessairement appelé à donner son avis, soit pour les questions administratives à raison desquelles il est consulté par les ministres. Elle est également rapide pour les matières administratives contentieuses, que le Conseil d'Etat instruit et sur lesquelles il propose les ordonnances qui statuent. Enfin le projet de loi règle les formes de procéder du Conseil d'Etat, soit en assemblée générale administrative, à laquelle assiste le service extraordinaire, soit en assemblée générale et publique du service ordinaire seul. Le mode actuel des délibérations, contre lequel aucune objection sérieuse n'a été soulevée, est conservé; le dernier article de cette première section du titre 3, établit, en termes dont la précision était commandée par l'importance du sujet, un mode spécial d'instruction pour les affaires de prises maritimes, et tend à concilier les intérêts de la défense privée et les précautions qu'exige toute question qui peut affecter les relations de la France avec les puissances étrangères. La seconde et dernière section est relative aux formes de procéder en matière contentieuse. Elle ne fait que consacrer les garanties accordées par les ordonnances de 1831.

Ce projet diffère peu des projets antérieurs; c'est qu'en effet depuis 40 ans, le Conseil d'Etat existe, se meut, et rend d'éminens services. Lorsqu'il a traversé des époques si diverses et si orageuses, sans que son principe fût sérieusement contesté, alors même que certains de ses actes paraissaient se ressentir de la fausse direction imprimée à la haute administration, ce corps a, par là même, conquis sa place parmi les grandes institutions de la France. Cette place, il faut qu'elle lui soit assurée par la loi; que la loi garantisse, à la fois, son existence, ses attributions et ses formes. Désormais le Conseil d'Etat empruntera de la loi, qui l'organise, une force nouvelle; mais il est de son essence d'être toujours un avertissement ou un appui, jamais un obstacle (1). Après cette loi donc, le Conseil d'Etat sera ce qu'il est.

Une commission fut nommée pour examiner ce projet de loi (2); mais avant qu'elle

(1) Exposé des motifs, p. 47.

(2) Cette commission était composée de MM. Martin (du Nord), de Salvandy, de Tocqueville, Hebert, Isambert, Odilon Barrot, Dalloz, Guilhem, Dubois.

eût présenté son rapport, M. Teste avait été entraîné dans la chute du ministère du 12 mai. La commission n'en continua pas moins son travail, et cependant elle ne put l'avoir achevé de manière à provoquer une discussion dans la Chambre. Ce n'est qu'aux derniers jours de la session que M. Dalloz déposa son rapport.

Nous allons examiner ce travail, suivre, article par article, le projet de loi refait par la majorité de la commission. Elle tend à fonder un système, qu'il nous paraît utile et nécessaire de scruter dans tous ses replis, tant nous jugeons grave et dangereuse la nouveauté judiciaire et constitutionnelle qui serait introduite dans notre gouvernement.

Les modifications proposées par la majorité de la commission dénaturent donc complètement le projet de loi. Elle n'a pas admis le système du gouvernement sur le caractère purement consultatif du Conseil d'Etat, en matière contentieuse; elle a pensé que le moment était venu d'instituer, au sein même de ce conseil, une juridiction réelle, déléguée comme la justice ordinaire; elle a repris et étendu les amendemens de la commission de 1837. Adoptant la distinction fondamentale qui existe entre les fonctions administratives du Conseil d'Etat et ses fonctions judiciaires en matière contentieuse, elle l'a divisé en deux sections : *la section administrative, la section du contentieux*; on peut dire que l'œuvre de M. Teste a disparu comme lui.

COMPOSITION DU CONSEIL.

ART. 1er. — Le Conseil d'Etat est composé, indépendamment des ministres secrétaires d'Etat, 1° de trente Conseillers, parmi lesquels le Roi choisit les deux présidens des sections dont il sera parlé ci-après; 2° de trente maîtres des requêtes; 3° de soixante auditeurs; 4° enfin d'un secrétaire-général ayant titre et rang de maître des requêtes.

ART. 2. — Le garde-des-sceaux, ministre secrétaire d'Etat au département de la justice, est le président du Conseil d'Etat. En son absence, l'assemblée générale est présidée par l'un des autres ministres secrétaires d'Etat, selon l'ordre de préséance des ministres entre eux. Si aucun ministre n'est présent, la présidence appartient au plus ancien des deux présidens de section.

Ces dispositions décident la présence des ministres, le nombre des membres du Conseil d'Etat et la présidence du garde-des-sceaux.

PRÉSENCE DES MINISTRES.

Sans doute il est naturel que les ministres prennent part aux discussions du Conseil, toutes les fois qu'il s'agit de la préparation des lois, ou d'ordonnances destinées à en assurer l'exécution : leur assistance peut être utile et pour eux et pour le Conseil. D'ailleurs la responsabilité des ministres étant la base du gouvernement représentatif, et le Conseil d'Etat étant le Conseil du gouvernement, cette responsabilité doit tout dominer, et il est tout simple que les ministres aient la faculté de venir au sein d'un Conseil, dont la loi les oblige souvent à prendre l'avis, sinon à le suivre. Mais de la présence et de la discussion à la délibération, il y a une grande distance (1). Il est hors de doute pour tous que les ministres ne doivent point prendre part aux délibérations du Conseil d'Etat, en matière contentieuse : cependant alors, le Conseil d'Etat n'émet que des avis, qui ont besoin de l'assentiment ministériel pour devenir des arrêts. En ce qui regarde les matières administratives, ce sont également des avis, destinés à l'appréciation ministérielle,

(1) Les ministres ont la faculté d'entrer dans l'assemblée générale du Conseil d'Etat, sans que leur voix y soit comptée. (Réglement du 5 nivose an VIII, art. 4.)

Les ministres peuvent, lorsqu'ils le croient utile, assister, sans voix délibérative, aux séances des sections. (*Ibid*. art. 6. § 3.)

Les ministres ont rang, séance et voix délibérative au Conseil d'État. (Sénat. Cons. du 16 thermidor an X, art. 68.)

que délibère le Conseil d'Etat. Mais là aussi existent souvent des intérêts privés, et la loi a voulu leur donner des garanties, parmi lesquelles se trouve, en première ligne, l'obligation pour les ministres, qui les *jugent*, de consulter le Conseil d'Etat. Le ministère n'est donc pas libre; ce n'est pas un avis qu'il puisse prendre ou ne pas prendre; c'est un avis nécessaire, obligatoire; c'est une garantie à la fois des intérêts publics et privés, que les lois de notre code administratif invoquent et imposent. Le Conseil délibérant doit donc se composer des hommes dont le ministère est astreint à prendre l'avis. Ce n'est pas l'avis d'un ou de plusieurs ministres qu'on veut en effet obtenir; car, s'il en était ainsi, les ministres délibéreraient entre eux. Voyez, en effet, où conduit la participation des ministres au vote du Conseil d'Etat. Ils veulent déterminer un avis; les neuf ministres sont présens et unanimes; « il pourrait arriver que

« les membres du service extraordinaire, « quoique empêchés par leurs travaux habi- « tuels d'assister à toutes les séances, se ren- « contrassent néanmoins à un jour donné « (et ne fût-ce que par hasard) en assez grand « nombre (1) »; supposez-les aussi en totalité à cette séance. Puisqu'ils peuvent ne pas s'y rencontrer fortuitement, il n'est pas plus téméraire de supposer qu'ils seront dociles : ainsi vingt-neuf voix sont acquises à l'avis ministériel. Si, sur les trente Conseillers d'Etat en service ordinaire, un seul est absent, le vote se résoudra par ving-neuf voix contre vingt-neuf, et, celle du président étant prépondérante, c'est le garde-des-sceaux qui décidera la question. Et la loi ne sera pas satisfaite; les ministres n'auront à délibérer que sur leur propre avis. En sorte que l'ordonnance à intervenir, qui ne devait être

(1) Rapport au Roi, § 24.

rendueque sur l'avis des ministres, le Conseil d'Etat entendu, ne présentera qu'une seule de ces garanties. Au reste, la Chambre des Pairs pensait ainsi, lorsqu'après une longue discussion, elle ne reconnaissait et n'accordait aux ministres le droit de prendre part qu'aux délibérations et non au vote du Conseil d'Etat en matières administratives. Puisque le Conseil d'Etat, disait M. le comte Portalis, rapporteur, est l'instrument appelé à donner des avis, que le ministre n'est pas d'ailleurs obligé de suivre, le ministre ne doit pas être considéré comme faisant partie de ce corps délibérant pour compléter la délibération, pour faire qu'elle soit valide (1).

### NOMBRE DES CONSEILLERS D'ÉTAT.

Le nombre des Conseillers d'Etat en service ordinaire a beaucoup varié. Sous l'Empire,

(1) Séance du 30 janvier 1834.

après quelques oscillations, il fut fixé à quarante par le décret du 11 juin 1806; il n'était que de 31 en 1814; il avait été de 45 en 1811. L'ordonnance du 29 juin 1814 détermina le nombre de 26; il fut porté à trente par l'ordonnance du 26 août 1824; à vingt-quatre, par celle du 5 novembre 1828, par le projet de loi et par la commission de la Chambre des Pairs en 1834, par les projets de loi présentés à la Chambre des Députés en 1835 et en 1836; à vingt-cinq par le projet de loi et par la commission de la Chambre des Députés en 1837. L'ordonnance du 18 septembre 1839 et le projet de loi, qui en est la reproduction littérale, le fixent à trente, par deux motifs: la création du comité de législation et la réduction du service extraordinaire. La création du comité de législation n'a pas donné de nouvelles fonctions au Conseil d'Etat, ne lui a point apporté un surcroit d'affaires : elle a été une autre division de son travail, voilà tout. La réduction du service extraordinaire, cause apparente de l'augmentation du service ordinaire, nous a paru une raison aussi peu valable. Cette réduction n'a pas été réelle. Si en effet elle a diminué le nombre des Conseillers d'Etat, qui participaient aux délibérations du Conseil, elle n'a pas sensiblement altéré le nombre des maîtres des requêtes en service extraordinaire. Les Conseillers d'Etat, en service extraordinaire, font très peu de rapports. Ils jugent, quand ils assistent. Leur présence, toujours utile et profitable, n'est jamais indispensable. Ainsi la diminution de leur nombre n'a pas d'influence directe sur la détermination de celui du service ordinaire, puisque ni l'un ni l'autre ne sont le résultat, sagement apprécié, des attributions et des travaux du Conseil. C'est pourtant ce résultat qui devrait le fixer et le faire définitivement sortir de ces incertitudes, où le laissent tant de projets et tant d'ordonnances; la Chambre des Députés n'a cessé de le réclamer. Vos commissions des finances, dit M. Dufaure, ont toujours refusé de changer le chiffre du crédit affecté au Conseil d'Etat jusqu'à ce que la loi fut promulguée (1). D'après M. Laplagne, les fonctions du Conseil d'Etat, son organisation et la forme de ses délibérations ont entr'elles une telle connexité, qu'il est impossible de les séparer (2). La détermination judicieuse du nombre des Conseillers d'Etat devait donc être une conséquence de ses attributions; elle n'a encore été qu'arbitraire, depuis l'origine du Conseil d'Etat.

Aussi la commission, dont nous discutons les amendemens, dit-elle que c'est sans nulle préoccupation des circonstances qui lui ont donné un caractère politique, qu'elle a examiné la question du nombre des membres du

(1) Rapport du budget de 1839, p. 10.
(2) Rapport sur le Conseil d'Etat, en 1835, p. 36.

Conseil d'Etat : qu'elle n'a pas étendu sa pensée au-delà de la recherche de ce que pouvoient réclamer les besoins réels du service, et, pour elle, le nombre des Conseillers d'Etat a dû être celui qu'elle a jugé nécessaire pour que le Conseil d'Etat pût accomplir sa double mission de Conseil du gouvernement et de haute juridiction administrative (1). Dans l'opinion de la grande majorité, le nombre de vingt-cinq Conseillers d'Etat et de trente maîtres des requêtes, fixé par l'ordonnance royale du 5 novembre 1828, pourrait suffire aux nécessités des divers services du Conseil d'Etat, avec sa constitution actuelle. Mais la commission a dû rechercher si la nouvelle organisation, qu'elle propose, n'exige pas que ce nombre soit augmenté. Elle en a déduit qu'il fallait trente Conseillers d'Etat; mais en déclarant que cette augmentation

(1) Rapport de M. Dalloz, p. 29.

avait pour unique cause l'établissement de la juridiction propre en matière contentieuse(1).

PRÉSIDENCE DU GARDE-DES-SCEAUX.

Enfin, ces deux premiers articles accordent la présidence du Conseil d'Etat au garde-des-sceaux, et, en son absence, aux autres ministres, selon l'ordre de préséance. Mais il y a un président du Conseil des ministres, auquel la présidence paraîtrait plus naturellement dévolue, en premier lieu, qu'au garde-des-sceaux. C'est ce qu'établissaient les ordonnances des 23 août et 13 novembre 1815, 19 avril 1817 et 26 août 1824, qui, en l'absence du Roi, déféraient la présidence au président du Conseil des ministres, et, à défaut de celui-ci, au garde-des-sceaux. C'est ce qui était réclamé à la Chambre des Pairs

(1) Rapport de M. Dalloz, p. 32.

par M. le duc Decazes (1); c'est ce qui nous paraît hiérarchique et constitutionnel.

SECRÉTAIRE-GÉNÉRAL.

Selon le projet, le secrétaire-général aura titre et rang de maître des requêtes. Le projet de loi de 1835 n'imposait pas de condition : celui de 1837 demandait seulement qu'il fût choisi parmi les membres du Conseil d'Etat. Nous n'avons pas voulu lier la prérogative royale, dit le rapporteur, et renfermer son choix dans des limites, qui ne lui permettraient point, par exemple, de déférer ces fonctions à un Conseiller d'Etat (2). Ces réflexions nous paraissent justifier une mesure convenable. Et si le secrétaire-général mérite d'être nommé Conseiller d'Etat ?

INCOMPATIBILITÉ AVEC D'AUTRES FONCTIONS.

Art. 3. — Les fonctions de Conseiller d'Etat

(1) Séance du 29 janvier 1834.

(2) Rapport de M. Vatout, p. 27.

et de maître des requêtes en service ordinaire et de celles de secrétaire-général du Conseil d'Etat, sont incompatibles avec tout autre emploi judiciaire, administratif ou militaire.

Cette incompatibilité est relative; c'est une mesure d'ordre intérieur; elle est fondée purement sur l'intérêt de la prompte expédition des affaires. En effet, elle n'est point tirée de la nature des fonctions, car l'action et la délibération, en matière administrative, sont évidemment du même ordre, et peuvent être confiés aux mêmes personnes, comme cela se voit dans les préfets et dans les ministres.

AGE DES CONSEILLERS D'ÉTAT ET DES MAÎTRES DES REQUÊTES.

ART. 4. — Nul ne peut-être nommé Conseiller d'Etat, s'il n'est âgé de plus de trente ans, et maître des requêtes, s'il n'a accompli sa vingt-cinquième année.

Nulle condition, autre que celle de l'âge, n'est imposée au choix des Conseillers d'Etat. Tout individu, qui n'est pas maître des requêtes, peut être nommé Conseiller d'Etat d'emblée, pourvu qu'il ait plus de trente ans. L'ordonnance du 26 août 1824 établissait des catégories, dans lesquelles ces nominations devaient être faites; le projet de loi en rappelait quelques-unes, en 1835; depuis, elles ont disparu. Les catégories sont un abri pour le pouvoir; elles lui servent de retranchement contre les sollicitations infatigables de l'intrigue, contre l'exigence hautaine des partis, contre les prétentions importunes de certaines positions sociales. Que deviendrait la Chambre des Pairs sans les catégories? Si la liberté des choix de la couronne était, une fois, gênée et arrêtée devant un mérite exceptionnel; combien de fois, dégagée de toute entrave, n'aurait-elle pas à gémir de nominations imposées et inévitables? Le rare danger d'écarter quelques-uns de ces hommes d'une capacité extraordinaire, dont le savoir et l'intelligence seraient utiles au Conseil d'Etat, n'équivaut pas aux inconvéniens, plus fréquens, d'y introduire, comme tant d'autres corps en offrent le déplorable exemple, des hommes, dont la politique, seule, connaît et récompense le mérite. La condition de l'âge n'est qu'une catégorie; mais cette catégorie ne blesse personne, parce que tous finissent par y être compris. On suppose, à trente ans, de la maturité, de l'expérience, sans doute; mais si l'on n'a pas de capacité, cet âge ne donne ni maturité ni expérience. C'est à trente ans qu'un Pair de France a voix délibérative? Oui, mais il y a d'autres garanties qui donnent des probabilités pour sa capacité. C'est à trente ans que les Députés sont élus? Oui, mais le choix des électeurs est censé reconnaître leur capacité. C'est à trente ans qu'on peut être nommé à la Cour de cassation? Oui, mais le magistrat a donné des preuves de sa capacité, autres que son âge. La garantie de l'âge et illusoire. Et, en effet, l'âge ne donne pas même celle de l'expérience ; l'expérience ne s'acquiert pas seulement par l'âge, mais aussi, comme les autres sciences, par l'étude. Tel homme parviendrait à cent ans, qu'il n'aurait que des années de plus, et la trace de ces années, sillonnée sur son visage comme s'il avait vécu pendant ce temps, ne prouverait rien qu'une inutile longevité.

RÉVOCATION.

ART. 5. — Les Conseillers d'Etat et les maîtres des requêtes ne peuvent être révoqués qu'en vertu d'une ordonnance spéciale et individuelle, rendue par le Roi, sur le rapport du garde-des-sceaux et sur l'avis du Conseil des ministres.

Cette disposition a pour objet de mettre les Conseillers d'Etat et les maîtres des requêtes à l'abri d'une révocation arbitraire ou irréfléchie, en exigeant une délibération du conseil des ministres, dit le rapport (1). Selon le Garde-des-sceaux, auteur du projet de loi, c'est une sorte d'inviolabilité, c'est une garantie que réclamait l'opinion publique (2). La commission de la Chambre des Députés, en 1837, proposait que l'ordonnance de révocation, délibérée en Conseil des ministres, fût contre-signée par le Garde-des-sceaux et par le président du conseil, tandis que le projet de loi n'indiquait qu'une ordonnance spéciale et individuelle. Aussi le rapporteur, après avoir parlé des sûretés que Napoléon avait songé à donner à l'existence politique des Conseillers d'Etat, qui ne pouvaient perdre leurs titres et leurs droits que par un jugement de la haute cour impériale, *emportant peine afflictive ou infamante* (3), le rapporteur ajoutait :

(1) Rapport de M. Dalloz, p. 32.

(2) Exposé des motifs, p. 32.

(3) Constitution du 22 frimaire an VIII. — Senatus consulte du 28 floréal an XII.

« Ces garanties tombèrent dans l'oubli; celles « que nous proposons n'ont pas la même force, « mais du moins elles ne sont pas illusoires, « comme celle dont parle le projet du gou-« vernement. Dans notre système, où nous « n'admettons l'inamovibilité pour aucune « catégorie du Conseil d'Etat, nous recon-« naissons, par conséquent, que ses membres « sont tous révocables; ils le sont comme « d'autres fonctionnaires nommés par le Roi, « comme les préfets, les procureurs-géné-« raux, et jamais, à l'égard de ces fonction-« naires, l'obligation d'une ordonnance de « révocation n'a été considérée comme une « garantie. Il fallait donc quelque chose de « plus, si l'on voulait relever la dignité du « Conseil d'Etat; il fallait, surtout, puis-« qu'en certains cas les Conseillers d'Etat « connaissent des décisions des ministres, les « mettre à l'abri des passions personnelles « et les prémunir contre une destitution

« surprise ou prononcée légèrement (1). »

Une solennelle discussion sur ce sujet avait eu lieu, en 1834, à la Chambre des Pairs. La commission proposait d'étendre aux maîtres des requêtes la garantie proposée pour les Conseillers d'Etat seuls. Le Garde-des-sceaux s'y opposa. M. le comte Portalis répondit que cette garantie, qu'on voulait accorder aux Conseillers d'Etat, était nécessaire aux maîtres des requêtes, précisément à cause des affaires contentieuses. Ceux-ci ont été institués pour préparer les affaires contentieuses, pour les délibérer en commission de contentieux, et pour en faire le rapport au Conseil d'Etat, statuant en matières contentieuses. Il a donc paru nécessaire de leur accorder la garantie qu'on jugeait nécessaire pour les Conseillers d'Etat.

M. le Garde-des-sceaux, se fondant sur ce qu'il est de principe que les destitutions sont

(1) Rapport de M. Vatout, p. 31.

prononcées comme les nominations (1) et sur ce que les maîtres des requêtes ne sont pas placés au sommet de la hiérarchie administrative, ne voit pas la nécessité d'une forme exceptionnelle, en ce qui regarde le droit de les révoquer.

M. le baron Mounier ne trouve rien de gênant pour la marche du gouvernement dans la garantie, proposée pour les Conseillers d'Etat, et qu'il est d'avis d'étendre aux maîtres des requêtes. S'il est vrai qu'ils font plutôt l'office de rapporteur, tandis que les Conseillers d'Etat font l'office de juges, il est évident que le rapporteur est celui qui est le plus en vue. L'opinion du juge se perd dans le vote général du corps; le rapporteur, au contraire, est obligé de venir présenter les faits avec la plus grande impartialité, même quand ils peuvent choquer tel ou tel intérêt.

(1) Ce principe a des exceptions très nombreuses.

M. Villemain considère que si la garantie doit exister pour les Conseillers d'Etat, elle doit exister aussi pour les maîtres des requêtes. Mais elle lui paraît parfaitement illusoire, et dès lors inutile à mettre dans une loi. En effet, on sait bien que ce qui fait destituer un fonctionnaire, ce n'est pas la forme plus ou moins exacte du débat qui a dû amener cette destitution; c'est l'intérêt politique et la prédominence d'une certaine direction dans le Conseil des ministres. Or, cet avis n'est pas l'objet d'un procès-verbal..

M. Girod (de l'Ain) : c'est précisément parce que nous avons reconnu que ce serait, dans le plus grand nombre de cas, des motifs de politique, que nous avons pensé que la garantie n'était pas illusoire. Les motifs politiques, qui détermineront la révocation d'un Conseiller d'Etat, devraient être fort graves; c'est précisément pour cela qu'il importait que cet acte politique fût fait par la réunion des ministres, et qu'il ne pût dépendre d'un ministre seul. Nous ne nous occupons pas de régler l'organisation du Conseil des ministres; nous nous occupons encore moins de déterminer les formes dans lesquelles il pourra délibérer: nous recherchons seulement s'il peut être convenable, dans un cas donné, de provoquer une délibération du Conseil des ministres. La nécessité de distinguer entre les matières purement administratives et les matières contentieuses, fait sentir encore ici son influence. S'il s'agissait des matières purement administratives, aucune condition ne pourrait être imposée; la révocation du fonctionnaire doit être dans le plein arbitre du ministre. En matière contentieuse, dans cette matière si délicate où les actes du Conseil d'Etat, sans cesser d'être des délibérations et des conseils, prennent cependant un caractère particulier, en raison des droits qui se trouvent engagés, et semblent avoir l'effet de jugemens, sans être des jugemens proprement dits, il faut que la loi donne des garanties réelles. M. Girod (de l'Ain) termine, en montrant que les maîtres des requêtes, par leur coopération souvent assimilée à celle des Conseillers, ont droit à la même garantie.

M. le rapporteur, au nom de la commission (1), persiste dans sa proposition, et termine en disant : c'est une garantie morale puissante; les Conseillers d'Etat sont avertis que la loi veille sur eux. Il y a parité de raison, et peut-être un motif de plus, pour accorder aux maîtres des requêtes la même garantie qu'aux Conseillers d'Etat; car les maîtres des requêtes, appelés à préparer l'instruction écrite, à rapporter les affaires contentieuses au Conseil d'Etat, sont, en certains cas, appelés à compléter le Conseil d'Etat, à le départager.

(1) Séance du 30 janvier.

M. Villemain déclare que si la garantie était réelle, était sérieuse, il l'accepterait avec empressement ; mais il croit qu'elle est vaine, et dès lors qu'elle ne doit pas être maintenue, afin que personne ne soit trompé. La formalité d'une délibération du Conseil des ministres n'a rien d'analogue, rien de comparable aux garanties accordées par les décrets de l'Empereur. Une formalité semblable à celle qui est proposée, a, de fait, toujours existé, sans être un obstacle à rien. Ecrire dans une loi ce qui ne peut pas ne pas être fait, ce n'est pas donner une garantie. Cette garantie ne pourrait exister qu'en dénaturant l'essence même du Conseil des ministres, qui n'est pas un corps délibérant, mais une réunion d'hommes politiques ayant à la fois une responsabilité personnelle de leurs actes et une responsabilité partagée avec leurs collègues pour les actes communs. Il ne faut pas qu'aucune clause spéciale vienne définir, dans un cas particulier, cette responsabilité qui est, de droit, fondamentale; autrement on laisserait supposer que là où elle n'est pas exprimée, elle n'existe pas; ce serait une erreur en gouvernement représentatif.

M. le baron de Fréville conçoit que les personnes qui inclinent vers le système de l'inamovibilité, regardent, comme peu digne des suffrages de la Chambre, la disposition qu'elle discute actuellement. « Mais pour moi, dit-« il, profondément convaincu qu'il est im-« possible d'investir de l'inamovibilité, soit le « Conseil d'Etat en général, soit une portion « quelconque du Conseil d'Etat, je pense, avec « le gouvernement et avec votre commission, « qu'il est très important d'accorder la ga-« rantie proposée. Pourrait-on dire qu'une « garantie ne serait pas sérieuse, parce qu'elle « ne serait pas absolue ? »

« Je pense que la proposition, pour laquelle « je sollicite l'assentiment de la Chambre, of-

« fre une garantie très sérieuse. Elle porte sur « une distinction qui a lieu tous les jours dans « les affaires d'Etat. Elles se divisent en deux « classes; celles qui se traitent entre le mo- « narque et un seul de ses ministres; celles « qui exigent l'intervention du Conseil des « ministres.

« Avant d'insister sur ce point, je suis bien « aise de discuter ce qu'on appelle les garan- « ties, accordées par l'Empereur, à l'ancien « Conseil d'Etat.

« Je parle en présence de personnes qui « ont connu, encore mieux que moi, ce qui « s'est passé à cette époque, et je ne balance « pas à affirmer que l'Empereur, en assurant « à *certains* membres de son Conseil d'Etat les « avantages qu'on vient de rappeler, ne vou- « lait que leur donner un témoignage de bien- « veillance. C'est ainsi que l'on considérait « alors la mesure par laquelle l'Empereur ins- « tituait des Conseillers d'Etat à vie, avec la

« jouissance d'un traitement fixe et irrévoca-
« ble. On se rappelle que, dans les mêmes
« circonstances, la politique de l'Empereur
« le portait à améliorer la position des per-
« sonnes qui composaient les différens corps
« de l'Etat. »

« Revenant à la garantie actuellement en
« discussion, je pense qu'il faudrait l'adopter,
« lors même qu'il ne s'agirait pas du Conseil
« d'Etat *prononçant*, *en matière conten-*
« *tieuse*, sur des intérêts privés luttant contre
« l'intérêt général; lors même que nous au-
« rions seulement à envisager le Conseil d'E-
« tat comme chargé de préparer les réglemens
« d'administration publique, que le très sa-
« vant rapporteur de notre commission a si
« bien caractérisés.

« Encore une fois, cette garantie est-elle
« sérieuse?

« Vous l'avez décidé en pleine connais-
« sance de cause, lorsque vous l'avez admise

« dans la loi sur les crédits supplémentaires. « Alors aussi l'on éleva les mêmes objections « que vous venez d'entendre.

« Le Conseil des ministres, disait-on, sera-« t-il partagé en majorité et minorité? Aura-« t-il un secrétaire et un procès-verbal de ses « délibérations? On répondit qu'il n'était nul-« lement question de pareilles formalités; « qu'on voulait seulement qu'une détermi-« nation, importante pour les finances du « royaume, prît toute la solennité d'une me-« sure du gouvernement. Telle est la dispo-« sition législative que vous avez consacrée. « Rien ne me paraît plus conforme aux prin-« cipes constitutionnels, qui réclament, dans « les affaires de quelque gravité, l'interven-« tion du cabinet tout entier.

« Appliquer cette garantie à la révocation « des membres du Conseil d'Etat, c'est tirer « une juste conséquence d'un principe déjà « posé.

« D'ailleurs j'ai à vous prier d'observer que « la disposition qui vous est proposée n'est « pas nouvelle, qu'elle se trouve écrite dans « une ordonnance du 26 août 1824.

« Si l'on prétendait qu'il n'y a rien là que « d'illusoire, on répondrait victorieusement « par la comparaison de ce qui a précédé et « suivi l'ordonnance du 26 août.

« Avant qu'elle intervint, les membres du « Conseil d'Etat n'apprenaient leur sort, à la « fin d'un trimestre ou d'une année, qu'en « lisant le *Moniteur*. Depuis 1824, cet état « précaire a été remplacé par une véritable « sécurité. »

L'article fut adopté, tel qu'il avait été amendé par la commission.

Nous n'ajouterons qu'un mot. Avec l'habitude actuellement introduite de délibérer en conseil des ministres sur la nomination ou sur la révocation des agens même les plus inférieurs de l'administration, personne ne pourra supposer que la destitution d'un Conseiller d'Etat ou d'un maître des requêtes fût soustraite à cette formalité par un Garde-des-sceaux injuste ou passionné. Le sentiment politique, dont il serait sans doute animé, ne lui laisserait pas l'inquiétude de la désapprobation de ses collègues ni de leur déni de solidarité. La signature du président du Conseil n'exprimera donc que l'unité politique du cabinet. S'il la refusait, le dissentiment ne se bornerait pas à un acte administratif. Mais répétons-le : ce dissentiment peut naître au sujet de toutes les révocations, puisqu'elles sont toutes soumises au cabinet entier. La garantie ne consiste donc qu'en l'insertion, dans la loi, d'une prescription qui, dans tous les cas, est observée, quoiqu'elle ne soit pas impérieuse et qu'elle ne doive jamais être justifiée.

ART. 6. — Un tiers des places de Conseillers d'Etat est réservé aux maîtres des requêtes.

ART. 7. — Les maîtres des requêtes, qui n'ont pas rempli des fonctions dans l'administration active, ne peuvent être nommés Conseillers d'Etat, qu'autant qu'ils se trouvent dans la première moitié de leur tableau.

La première disposition a été extraite du projet amendé par la commission, en 1837, qui réservait *le quart au moins* des places de Conseillers d'Etat pour les maîtres des requêtes. Elle est bonne; elle est habile et juste. Il est d'une sage administration d'encourager les efforts du talent et de récompenser la persévérance. La proportion du tiers n'est pas trop forte. Elle s'accorde avec le résultat du calcul des probabilités, et l'avancement ne sera pas trop lent; surtout il ne sera pas détruit par les influences politiques, aussi décourageantes pour le mérite isolé qu'irrésistibles pour la faiblesse du pouvoir. La prérogative royale ne paraîtra pas enchaînée, puisque l'ancienneté ne s'impose pas à son choix, comme dans l'armée, de par la loi : la nomination oscillera toujours sur quinze candidats. Ne pourrions-nous pas dire que les droits acquis deviendront une barrière, autant contre les caprices de la faveur que contre les exigences du dehors? Enfin cette réserve, en entretenant l'émulation, contribuera à conserver, dans le Conseil d'Etat, l'esprit de tradition, qui est une garantie de plus de son utile concours et d'une bonne justice.

Une observation cependant mérite d'être faite sur l'article 7. Il fallait exprimer pendant combien de temps ont dû remplir des fonctions dans l'administration active, les maîtres des requêtes, pour être nommés Conseillers d'Etat, sans appartenir à la première moitié du tableau. Autrement, un préfet, par exemple, nommé maître des requêtes après n'avoir passé que quelques mois dans un département, serait apte à être nommé Conseiller d'Etat immédiatement après son entrée au

Conseil. Il est facile de calculer le temps probable, nécessaire aux maîtres des requêtes, pour arriver dans la première moitié de leur tableau, et de le combiner avec celui qu'on devra exiger avoir été passé dans l'administration active : là sera la justice.

AUDITEURS.

ART. 8. — Un tiers des places de maîtres des requêtes est réservé aux auditeurs ayant au moins deux ans de service dans l'administration active, un autre tiers aux fonctionnaires des divers services administratifs.

Aucun auditeur ne peut être nommé maître des requêtes, s'il n'a au moins trois ans d'auditorat.

En donnant une égale approbation à ces dispositions, nous ferons observer que les auditeurs sont astreints à deux années de service dans l'administration active, tandis qu'il n'y a pas de condition de temps pour les fonctionnaires de l'ordre administratif ; il n'y en a pas non plus de rang. Dès lors les bureaux seront, pour arriver à une position supérieure dans le Conseil d'Etat, une voie plus facile que le Conseil d'Etat lui-même. Cela ne saurait être : il y aurait un mal et une injustice. Un auditeur a la pratique du Conseil, l'habitude d'examiner les questions générales; c'est un avantage qui doit, au moins, lui réserver l'égalité des droits. Le second paragraphe exige trois ans d'auditorat. Ainsi la limite du temps circonscrit l'avancement des auditeurs seuls, soit qu'ils aient eu des fonctions extérieures, soit qu'ils n'aient travaillé que dans le sein du Conseil d'Etat; il faut des conditions équivalentes pour les fonctionnaires appelés à concourir avec eux.

Art. 9. — Nul ne peut être nommé auditeur au Conseil d'Etat, s'il n'a vingt ans révolus, s'il n'est licencié en droit, et s'il n'a en outre été jugé admissible par une commission spéciale, qui sera formée par le Garde-des-sceaux.

Cette commission sera convoquée, chaque année, à époque fixe, et procédera publiquement à l'examen des candidats.

L'examen portera sur le droit administratif et sur les autres matières, qui seront déterminées par un réglement d'administration publique.

Les auditeurs furent institués par l'arrêté du 19 germinal an XI, et destinés, après un certain nombre d'années de service, à remplir des places dans la carrière administrative ou dans la carrière judiciaire. Il n'y en eut d'abord que seize, et leur position fut très importante. Celui d'entr'eux qui avait fait le rapport d'une demande de lettres de grâce ou de commutation de peine, accompagnait le grand juge ministre de la justice au Conseil privé, où il avait la même séance qu'au Conseil d'Etat (1). Le décret du 26 décembre 1809 en attachait quarante aux ministres et aux sections du Conseil d'Etat, et en créait cent vingt pour d'autres services : il leur réservait le quart des sous-préfectures vacantes. Le décret du 7 avril

(1) Art. 7 du décret du 19 germinal an XI.

1811 fixait à trois cent cinquante le nombre des auditeurs en service ordinaire, et les divisait en trois classes : soixante seulement étaient attachés aux ministres et au Conseil d'Etat. Tous les ans, au mois de janvier, la liste des auditeurs était arrêtée par l'Empereur.

Les conditions d'admissibilités étaient vingt-un ans d'âge, le grade de licenciés en droit ou de licenciés ès-sciences, et un examen de capacité, devant trois membres du Conseil d'Etat désignés par un décret (1).

L'ordonnance du 29 juin 1814 ne mentionnait pas les auditeurs au nombre des personnes composant le Conseil d'Etat. Celle du 23 août 1815 les passait également sous silence. Ils ne furent rétablis que par l'ordonnance du 26 août 1824, qui n'exigea pas l'examen de capacité. Cette condition n'a plus reparu, jusqu'aux amendemens du projet de loi que nous examinons.

(1) Décret du 26 décembre 1809, art. 2.

La commission de 1834 avait cru que les auditeurs ne faisant point, à proprement parler, partie du Conseil d'Etat, il ne fallait pas les comprendre dans l'article qui en énumère les membres, et que la disposition, qui concerne cette institution auxiliaire, devait être isolée et accessoire comme elle (1). En même temps la commission applaudissait aux dispositions du projet de loi qui la consacraient. M. le comte Molé voulait les renvoyer à une simple ordonnance, et après une longue discussion, le nombre des auditeurs fut porté à cinquante. Il était de quarante dans le projet de 1835, de soixante dans celui de 1837; il est de soixante aussi dans les amendemens au projet de 1840, qui les maintenait à quatre-vingt.

Les divers projets de loi se bornent à demander que les candidats, âgés de vingt-un

(1) Rapport de M. le comte Portalis, p. 22 et 23.

ans au moins, soient licenciés en droit. Il nous paraît utile de rétablir la disposition du décret du 26 décembre 1809, relative à la licence ès-sciences. Le Conseil d'Etat ne doit pas se composer exclusivement de jurisconsultes. L'administration est souvent appelée à apprécier des intérêts, qui dépendent plutôt d'une question scientifique que d'un article précis de la loi. Son tribunal doit donc renfermer des hommes capables de résoudre toutes sortes de difficultés : c'est pourquoi l'on n'exige pas de conditions pour le choix des Conseillers d'Etat et des maîtres des requêtes ; c'est pourquoi des généraux de toutes armes, des diplomates, des savans ont été maintes fois appelés au Conseil. Les sciences exactes y peuvent aussi bien trouver place et y apporter quelquefois autant d'utilité que la connaissance des lois. Si l'on accuse l'esprit impérial d'avoir imprimé trop de force et donné trop d'importance aux études abstraites, on peut aussi trouver exagérée la réaction contre elles, produite par la nature de notre gouvernement et par le besoin d'acquérir promptement un nom et une fortune, que les sciences ne donnent pas sitôt. Si un licencié en droit est soumis, ainsi que le dit M. Dalloz, à connaître certaines branches des sciences exactes et des arts, un élève de l'école polytechnique pourra l'être également à étudier certains principes du droit administratif.

Ces réflexions démontrent combien nous approuvons l'examen public des candidats auditeurs. Là se juge le vrai savoir; là s'estime, en présence de leurs rivaux, le mérite des prétendans. Sans doute une telle épreuve intimide les uns et répugne aux autres. Sans doute, ainsi que le dit M. le comte Portalis, l'étude des lois est au moins le gage assuré de quelques autres études, puisqu'elle ne peut en suivre l'enseignement public sans avoir obtenu un premier degré dans la faculté des lettres (1). Si le gage est aussi assuré, l'examen le constatera : la preuve de ce premier degré bien acquis dans la faculté des lettres, l'examen la fera ressortir. Les aspirans à l'école polytechnique, obligés, eux aussi, à ce premier degré dans la faculté des lettres, ne sont admis dans cette école qu'après un examen, n'en sortent qu'après un examen qui les introduit dans une école d'application, qu'ils ne quittent qu'après un autre examen. L'expérience a prouvé que cette mesure est sérieuse et efficace, et la capacité première, qui résulte d'un signe certain et matériel, ne perd pas à être examinée, dans son ensemble, par un juge impartial (2). L'ar-

(1) Rapport de M. le comte Portalis, p. 25.

(2) L'expérience a prouvé d'ailleurs que cette mesure n'était ni sérieuse ni efficace ; il faut que la capacité première résulte d'un signe certain et matériel. (*Ibid.*)

bitraire ne pourra plus être reproché à une commission, formée par le Garde-des-sceaux, et procédant publiquement à des examens, d'après un programme déterminé.

Mais cet examen, c'est le jury de ses rivaux, c'est l'élection de ses pairs, c'est l'opinion publique, qui juge, avec une rigoureuse équité, le jugement des examinateurs. Lorsqu'on veut augmenter le nombre des Auditeurs employés au Conseil d'Etat; lorsque le Garde-des-sceaux demande qu'on ne comprenne pas, dans ce nombre, ceux qui seraient envoyés dans les administrations départementales, pourquoi le rapporteur se fonde-t-il sur les lois récentes qui ont changé le système de l'administration, qui ont introduit le système électif dans l'ordre administratif, pour signaler les inconvéniens qu'il y aurait à montrer en perspective aux départemens des hommes qui, étrangers au produit de l'élection, étrangers aux notabilités locales, allaient en quelque sorte envahir les fonctions qui pouvaient devenir l'objet des ambitions légitimes des hommes appelés par le choix du peuple (1)? Qu'est donc l'élection? Lorsque les passions politiques ne la dénaturent point, n'est-elle pas la présomption de la capacité? Sa constatation publique? L'examen de ses pairs, de ses rivaux, de ses adversaires? La différence proportionnelle qu'elle a avec un examen, c'est que celui-ci est fait par des hommes compétens, impassibles et impartiaux, tandis qu'elle n'est souvent due qu'à l'intrigue et à l'ignorance, elle pourtant qui donne des droits que vous reconnaissez.

L'institution des auditeurs est très utile, et doit devenir féconde, si elle est bien comprise. L'Empereur l'avait fondée dans une large conception; il l'a exagérée, à la fin de son

(1) Séance du 29 janvier 1834.

règne, parce que sa destinée l'a entraîné à mettre en jeu tous ses moyens, à employer toutes ses ressources, à tendre démésurément tous les ressorts de sa puissance. Les auditeurs étaient destinés à passer par le Conseil d'Etat pour arriver à l'administration active. Ceux de l'Empire avaient des provinces pour point de vue; ceux de notre époque déploiront, sur un théâtre moins grand et moins agité, leurs talens et leur savoir. Pour eux, le Conseil d'Etat aura été une école, dont ils appliqueront les préceptes soit à l'administration d'une sous-préfecture, où la pratique complétera leur éducation théorique, soit aux missions diplomatiques, aux commissions spéciales, aux fonctions de la magistrature, aux emplois de la finance. Ils pourront alors revenir au Conseil d'Etat, y rapportant, avec fruit pour la chose publique, le tribut de leurs nouvelles connaissances. C'est ce va-

*et-vient* entre l'administration et le Conseil d'Etat, que tous les ministres annoncent et qu'aucun ne réalise, qui serait une chose utile à établir et à consacrer : c'est ainsi que se formeraient et les bons administrateurs et les bons juges de l'administration. C'est donc au sein du Conseil d'Etat que devrait être formée et organisée la précieuse pépinière destinée à fournir, en partie, aux besoins du service public, qu'on éteint sans les satisfaire, par les choix empiriques qu'improvise l'arbitraire ou qu'impose la politique.

Art. 10. — Le tableau des auditeurs est arrêté par le Roi, sur le rapport du Garde-des-sceaux, au commencement de chaque année; ceux qui ne sont pas compris dans ce tableau, cessent de faire partie du Conseil d'Etat.

Néanmoins les auditeurs ayant plus de trois ans de service, ne peuvent être révoqués que par une ordonnance spéciale.

L'inscription annuelle au tableau des auditeurs, a été, depuis le décret qui les institue, la mesure généralement adoptée, soit pour les conserver, soit pour les révoquer (1). Après trois ans, l'auditeur ne pourra plus être éliminé par cette voie de simple prétérition. La sécurité nesera donc, pour eux, qu'au bout d'un stage aussi prolongé. Pendant tout ce temps, leur avenir, livré aux caprices de la faveur et des exigences, restera dans un état précaire, et l'avancement pourra souvent leur paraître au concours du zèle et du dévouement personnel, plutôt qu'à celui du talent et de l'habileté (2). Ces mesures ne me semblent pas être conçues dans l'esprit de stabilité qui convient à un corps tel que le Conseil d'Etat. Lorsqu'on recherche, avec soin, le moyen de donner, aux Conseillers et aux maîtres des requêtes, une espèce d'inviolabilité, il y a ano-

(1) L'ordonnance du 5 novembre 1828, art. 9, exigeait une ordonnance spéciale, ainsi que celle du 26 août 1824.

(2) Rapport de M. le comte Portalis, p. 27.

malie à les mêler avec des auxiliaires provisoires. Lorsqu'on demande, par l'examen, une garantie de plus de la capacité des candidats, il faut en tenir compte à ceux qui la fournissent par un succès. En les appelant alors à participer aux travaux du Conseil d'Etat, vous les appelez à participer à sa nature, c'est-à-dire à l'inamovibilité morale, dont vous lui avez attribué le prestige. S'ils paraissent moins propres au service du Conseil qu'à l'administration active, ils ne peuvent vous refuser d'y être employés : s'ils sont partout inhabiles ou incapables, vous emploierez l'ordonnance spéciale. Mais on n'aura pas le spectacle et les graves inconvéniens d'un mélange d'hommes, les uns en quelque sorte inamovibles, les autres passagers, s'occupant des mêmes affaires, ceux-là comme des juges, ceux-ci comme des écoliers. L'importance de ces affaires et la dignité du Conseil nous paraissent repousser une telle association.

Quant au nombre des auditeurs, avec la réserve pour eux d'une proportion réciproquement déterminée dans les emplois publics, celui de quatre-vingt ne serait pas trop considérable. Il le serait beaucoup trop, si on ne leur destinait que le tiers des places de maîtres des requêtes. L'auditorat n'offrirait alors qu'une école imparfaite par l'insuffisance du travail et une carrière stérile par l'extrême lenteur de l'avancement. La saine détermination de ce nombre ne peut donc résulter que d'un accord, exprimé par une ordonnance organique, entre le Garde-des-sceaux et les autres ministres : aura-t-il jamais lieu ?

ART. 11. — Tout auditeur qui refuse les fonctions administratives, permanentes ou temporaires, auxquelles il a été appelé, est réputé démissionnaire.

Le service des auditeurs sera déterminé par une ordonnance royale insérée au *Bulletin des Lois*.

Jusqu'au moment où le nombre des auditeurs

sera réduit à celui qui est fixé par la présente loi, il ne pourra être nommé qu'un auditeur sur deux places vacantes.

Le paragraphe comminatoire de cet article nous paraît inutile et contraire aux principes généraux de la soumission due au gouvernement par tous ses fonctionnaires. Le pouvoir n'a nul besoin de prendre ses précautions de force ou de justice, et d'énoncer la peine dont il punira la désobéissance. Le refus ne pourrait-il pas être tel qu'il méritât l'éclat et l'exemple d'une destitution?

SERVICE EXTRAORDINAIRE.

Art. 12. — Les Conseillers d'Etat, maîtres des requêtes et auditeurs, qui sont investis de fonctions publiques en dehors du Conseil d'Etat, prennent le titre de Conseillers d'Etat, de maîtres des requêtes ou d'auditeurs en service extraordinaire pendant qu'ils remplissent ces fonctions.

Ils ne peuvent participer aux travaux du Conseil d'Etat, pendant qu'ils exercent des fonctions actives, qu'autant qu'ils y ont été autorisés par ordonnance royale.

ART. 13. — Les membres des deux Chambres et de l'Institut, et les fonctionnaires de l'ordre judiciaire, administratif et militaire, peuvent être appelés, en vertu d'ordonnances royales, à participer aux délibérations du Conseil d'Etat. Cette participation, soit temporaire, soit permanente, ne leur confère aucun titre, et cesse, dans tous les cas, avec les fonctions dont ils sont revêtus.

ART. 14. — Le nombre des Conseillers d'Etat, en service extraordinaire, et celui des fonctionnaires admis à participer aux travaux du Conseil d'Etat, conformément aux deux articles précédens, ne peut excéder, dans aucune délibération, les deux tiers des Conseillers d'Etat en service ordinaire participant à cette délibération.

Ils ne peuvent, dans aucun cas, prendre part aux travaux de la section du contentieux.

Ces trois articles règlent la composition du service extraordinaire du Conseil d'Etat. Sous l'Empire, ce service, très peu nombreux, ne participait point aux délibérations du Conseil : il était composé de hauts fonctionnaires favorisés, qui passaient du service ordinaire des sections au service extraordinaire des grands emplois (1). L'ordonnance du 29 juin 1814 ne parlait que des membres en service ordinaire et des membres honoraires : celle du 23 août 1815 autorisa les Conseillers d'Etat directeurs-généraux, à participer à tous les travaux des comités et du Conseil ; celle enfin du 26 août 1824 régla le service extraordinaire, qui a depuis subi de fréquentes modifications, mais qui n'a pas changé de nature. Des fonctionnaires ou des personnes étrangères à l'administration, tantôt choisies dans des catégories, tantôt nommées par la seule volonté ministérielle, recevaient le titre de Conseiller d'Etat ou de maître des requêtes, et le droit de partager les travaux administratifs de leurs collègues en service ordinaire (2).

(1) Arrêté du 5e jour compl. an VIII, — du 7 fructidor an VIII.

(2) Ord. des 1er et 22 novembre 1826, — 30 décembre 1827, — 5 novembre 1828.

Le Conseil d'Etat est le centre auquel viennent aboutir toutes les branches du service public. Là toutes les affaires administratives du pays; là donc doivent être réunis les esprits qui les pratiquent aux esprits qui les jugent : c'est la nature et la distinction des deux services du Conseil d'Etat. Si le service ordinaire, qui en est la partie permanente, qui en maintient les traditions et la jurisprudence, restait étranger aux mouvemens de l'administration active, qui doit se modifier sans cesse pour répondre aux besoins progressifs du pays, il pourrait trop se renfermer dans la théorie et dans le texte rigoureux des lois, trop rester étranger aux difficultés de l'application, trop devenir corps judiciaire. Il est donc utile, pour modifier cette irrésistible tendance des assemblées, de mettre le Conseil d'Etat en contact avec des hommes capables de lui apporter les renseignemens utiles, les notions pratiques et les connaissances spéciales qu'ils puisent dans l'exercice de fonctions élevées ou dans leurs travaux. Ceux-ci profiteront à leur tour des discussions du Conseil et y recueilleront de nombreux enseignemens. Il y aura un échange de lumières, dont le service public tirera un grand avantage. Les chefs des départemens ministériels reporteront dans les bureaux ces idées élevées, ce respect pour la loi, cet esprit d'ordre et de suite, dont le maintien peut seul conserver à l'administration sa force et son autorité(1).

Mais à côté de l'utilité de cette participation des principaux chefs de service aux travaux, se trouvait l'inconvénient de leur laisser prendre une trop large part et aux délibérations et aux décisions du Conseil d'Etat. On ne doit pas éviter la prépondérence exclusive du service ordinaire, détaché de

(1) Exposé des motifs du 1er février 1840, p. 27.

tout intérêt ministériel, pour se soumettre à celle du service extraordinaire, qui le représente. Le Conseil d'Etat a surtout pour mission de contrôler, de juger l'action des bureaux, et il perdrait ce caractère, il manquerait à cette mission, si les habitudes et les formalités, quelquefois exclusives des bureaux, parvenaient à le dominer. Les membres, trop nombreux du servire extraordinaire, pourraient emporter un vote contraire aux traditions et à la jurisprudence de la partie du Conseil d'Etat, qui doit conserver, avec le plus de fermeté et de constance, l'intégrité des principes et l'esprit de suite, dont ce grand corps est le gardien, dans l'intérêt de l'unité française. Aussi, dans les divers projets de loi et dans les amendemens proposés par les commissions, on restreignait aux deux tiers du nombre des Conseillers d'Etat en service ordinaire, celui des Conseillers d'Etat en service extraordinaire. Cette proportion était suffisante pour que les ministères y eussent chacun assez de représentans, et elle laissait au service ordinaire une légitime part de prédominance et de fixité.

L'ordonnance du 18 septembre 1839 et le projet de loi qui la reproduit, ont restreint le service extraordinaire aux seuls agens de l'administration. Tout le monde, dit l'exposé des motifs, s'accordait à blâmer l'adjonction de personnes étrangères au service public, non salariées, sans contact avec les affaires, et qui, pour la plupart, ne trouvaient, dans l'importante faculté de participer aux travaux du Conseil, qu'une honorable distinction et non pas un devoir (1). Cette opinion, dont l'expérience dément la justesse, n'a point été partagée par la commission de la Chambre des Députés. Le service extraordinaire, en effet, appliqué à ces personnes, est, pour le

(1) Exposé des motifs, p. 28.

gouvernement, un moyen de mesurer leur capacité, sans en rétribuer l'emploi. Si l'institution des auditeurs est le riche séminaire d'où l'Empire a fait sortir tant de fonctionnaires distingués, les Conseillers d'Etat et les Maîtres des requêtes, en service extraordinaire, présentent au gouvernement, dans une position plus élevée, une réunion d'hommes parmi lesquels il peut choisir des fonctionnaires éprouvés, puisque la faculté de participer a été pour plusieurs d'entre eux, non pas seulement une honorable distinction, mais le privilége d'un travail assidu et une espérance. La commission de la Chambre des Députés, loin de s'arrêter à la restriction du projet de loi, a pensé qu'autour du faisceau des notabilités administratives, on pouvait grouper encore des notabilités choisies partout où le gouvernement les distinguerait, parmi les membres des deux Chambres, à l'Institut, dans l'armée, dans la magistrature. Jusqu'à présent des généraux de toutes armes, des directeurs-généraux, des préfets, des chefs de division des ministères, avaient été, sous différens titres, admis au Conseil d'Etat. L'incompatibilité entre les fonctions de la magistrature et du service ordinaire du Conseil d'Etat, avait été déclarée en 1815 (1), et le projet de loi de 1834 l'étendait au service extraordinaire (2) : celui de 1840 ne l'en relevait pas. Les amendemens de la commission de la Chambre des Pairs, en 1834, repoussaient cette extension : les amendemens de celle des députés de 1840 restituent aux magistrats la faculté de participer à la délibération et au vote du Conseil d'Etat. Si la division constitutionnelle des pouvoirs ne permet pas que des magistrats de l'ordre judiciaire puissent remplir, en même

(1) Ordonnance du 15 avril 1816. — M. de Serres, Conseiller d'Etat et premier président de la Cour royale de Colmar, forcé à opter. (Art. 3.)

(2) Projet de loi de 1834, art. 6.

temps, des fonctions actives dans l'ordre administratif, on pourrait, sans violer ce grand principe d'ordre public, sans porter atteinte au caractère de leur inamovibilité, les appeler à des délibérations consultatives : ce n'est pas administrer. Les magistrats ne peuvent être ni maires, ni sous-préfets, ni préfets ; mais ils ne sont exclus ni des Conseils municipaux, ni des Conseils d'arrondissement, ni des Conseils généraux de département ; pourquoi le seraient-ils du Conseil d'Etat ? Des réglemens d'administration publique règlent tout ce qui concerne l'ordre du service et la discipline des tribunaux, tout ce qui touche aux frais et dépens en matière de justice civile et criminelle (1). Les connaissances spéciales et pratiques de magistrats éclairés seraient-elles inutiles dans l'examen et dans la

(1) Loi du 10 avril 1810, — art. 1042 du Code de procédure civile, — art. 41 du Code pénal, — art. 615 et 617 du Code de commerce.

discussion de ces objets? Sans doute les occasions sont rares où le Conseil d'Etat s'occupe de modifier ces réglemens : mais cela prouve leur durée, et par conséquent la nécessité de leur imprimer ce sceau de perfection, que peut seule produire une discussion savante et approfondie, où tous les talens et toutes les lumières doivent apporter leur tribut.

Nous reconnaîtrions également les avantages de la collaboration des membres des deux Chambres et de l'Institut. Mais il est à craindre que ce ne soit une nouvelle porte ouverte aux séductions tant suspectées du pouvoir, aux exigences si impératives de la politique. L'honneur de siéger au Conseil d'Etat, même sans titre; de prendre part à ses travaux, même temporairement, sera vivement brigué, sans qu'on puisse espérer qu'il soit aussi vivement défendu. Dans notre système parlementaire d'omnipotence individuelle, il faut des règles précises et absolues pour l'indépendance des ministres et contre les membres des Chambres qui la bravent. La seule force inviolable chez des ministres, c'est le texte précis d'une loi. L'avantage de pouvoir appeler au sein du Conseil d'Etat, d'une manière illimitée et arbitraire, des hommes éminens, est loin d'équivaloir à l'inconvénient d'y laisser pénétrer des prétendans incapables, mais résolus. Quel est *l'homme politique* qui n'aura des renseignemens utiles et personnels à fournir sur la plus simple affaire de sa commune, et qui ne voudra se donner, aux yeux de ses compatriotes, le mérite de l'avoir appuyée, dans les bureaux, de ses démarches, de son éloquence et de son vote au Conseil d'Etat? Les députés ne s'arrêteront que devant la barrière d'une loi. Il n'est pas de main ministérielle assez forte pour tenir une autre barrière fermée contre eux. N'insérez donc dans la loi que des articles évidemment explicites. Et d'ailleurs, quelle sera la position de ces notabilités parlementaires, de ces savans spéciaux, de ces maîtres entrant au Conseil pour un jour, comme le complément momentané des connaissances et du savoir qui lui manquent cette fois? Il est évident, dit l'exposé des motifs, qu'une telle situation y serait dépourvue de toute dignité(1). N'est-ce pas prévenir le Conseil qu'il doit adopter l'avis des hommes plus éclairés, plus compétens que lui? Que lui apporteront, que lui apprendront en définitive, ces deux ou trois pairs, ces deux ou trois députés, ces académiciens?.. Des pairs? mais il y en a douze parmi les cinquante Conseillers d'Etat! Des députés? mais des Conseillers d'Etat le sont, et des maîtres des requêtes, et des auditeurs! Des membres de l'Institut? on y en compte dix! Ces pairs, ces députés, ces académiciens ne sont donc pas suffisans! Des

(1) Exposé des motifs, p. 27.

magistrats, des fonctionnaires? Mais d'où sortent donc les Conseillers d'Etat et les Maîtres des requêtes, si ce n'est des diverses fonctions publiques, des plus hauts grades de l'administration, de la magistrature et de l'armée? Avec ce foyer permanent de lumières, persuadez-vous bien que le Conseil d'Etat n'a pas besoin de laisser scintiller dans son enceinte l'éclat intermittent de quelques illustrations isolées.

Et enfin voyez quelle sera la forme, ou l'application du service extraordinaire, tel qu'il est proposé. Il aura une triple nature, d'où naîtra une triple confusion. Ce service comprendra d'anciens membres du Conseil, avec les titres de leurs fonctions (1) ; des membres des deux Chambres et de l'Institut ; des fonctionnaires, participant les uns temporairement, les autres d'une manière permanente, et tous sans titre (2). Il n'y a pas de limite pour le nombre

(1) Art. 12.
(2) Art. 13.

de ces membres diversement appelés au sein du Conseil; il n'y en a que pour le nombre de ceux qui délibéreront. Il ne pourra excéder, dans aucune délibération, les deux tiers des Conseillers d'Etat en service ordinaire, participant à cette délibération (1). Quels seront les premiers consultés, les membres titulaires, les membres permanens, les commissaires passagers et spéciaux? Quels exclus? Voyez-vous dans les embarras de cet amalgame l'ordre, la régularité, la dignité du premier corps de l'Etat?

Je ne comprends qu'un service extraordinaire permanent, attaché au Conseil d'Etat dont il est la partie active, pratique et constamment auxiliaire : composé, soit de chefs éminens des services ministériels; soit d'hommes qui l'ont été; soit d'hommes dont le savoir spécial ou les travaux remarquables y

(1) Art. 14.

fixent la place : entouré des prérogatives également honorables pour la fonction et pour le fonctionnaire; délibérant et votant en nombre sagement calculé; offrant aux uns une école de saines doctrines, aux autres une retraite judiciaire, à ceux-ci un noviciat administratif. Ainsi réglé, le service extraordinaire appelle au sein du Conseil d'Etat, pour recevoir les préceptes de l'expérience et de l'intelligente exécution des lois, les fonctionnaires publics; pour donner des avis que de longs souvenirs rendent précieux et utiles, des hommes qui ont eu le maniement des affaires; pour puiser la science administrative, des savans en d'autres sciences. Alors ce ne sera pas une réunion bigarrée, incohérente, mobile, capricieuse, une chambre aux élections ministérielles, une assemblée aux cent tribunes. Est-ce que la Cour de cassation a des adjonctions administratives, lorsqu'elle effleure les matières de l'administration ? Avec un service extraordinaire, passant et repassant à travers le Conseil d'Etat, sa jurisprudence et ses doctrines régulatrices, les premières peut-être de nos libertés, seront exposées à de funestes variations, tandis qu'elles ne devraient jamais subir que les inévitables modifications du temps et des lois.

N'admettons donc ni la restriction à quelques catégories de fonctionnaires publics, comme le propose le projet de loi; ni l'extension illimitée, ni cette battue générale aux capacités accidentelles, que demande la commission. Là, choisissez des fonctionnaires publics, et donnez-leur une participation honorable pour eux, mais inhérente à leurs fonctions et pouvant finir avec elles : ici, des hommes spéciaux qui échangeront avec le Conseil d'Etat du savoir et de l'expérience, sans cependant que cette partie militante participe jamais aux délibérations contentieuses. Alors vous aurez fondé quelque chose de stable, mais alors seulement votre édifice sera assez solide pour résister aux attaques du dehors et aux impatiences du dedans.

Art. 15. — Les Conseillers d'Etat et les maîtres des requêtes en service ordinaire ou extraordinaire, qui cessent leurs fonctions ou prennent leur retraite, peuvent être nommés, par le Roi, Conseillers d'Etat ou maîtres des requêtes honoraires.

Ces titres peuvent également être conférés aux Conseillers d'Etat et maîtres des requêtes en service extraordinaire, supprimés en vertu de la présente loi.

Art. 16. — Avant d'entrer en fonctions, les membres du Conseil d'Etat, en service ordinaire, prêtent, en assemblée générale, le serment prescrit par la loi.

La justice veut que des fonctionnaires émérites, lorsqu'ils se retirent, ne perdent pas un titre qu'ils ont long-temps honoré : c'est le souvenir qui suit une vie de travaux utiles, c'est la gloire sous laquelle s'abritera leur vétérance.

Nous sommes également d'avis que de

hauts fonctionnaires, employés soit en dehors du Conseil d'Etat, soit dans les départemens, puissent recevoir, comme récompense de leur mérite ou comme consécration de l'importance de leurs fonctions, les titres de Conseiller d'Etat ou de maître des requêtes. C'est un moyen d'assurer à l'administration une hiérarchie si nécessaire et si méconnue. Ce sera une récompense ambitionnée, alors surtout que ces titres ne seront dispensés qu'avec épargne. En les laissant aux membres du Conseil d'Etat, appelés à des fonctions publiques, il n'est pas possible de les refuser à des fonctionnaires du même ordre et quelquefois d'un mérite supérieur. Ceux-ci perdraient de leur considération et de leur influence, sinon de leur zèle. Enfin, à une époque où les moyens de récompense dont le gouvernement dipose sont si peu nombreux, il ne faut pas lui en enlever un qui a une haute valeur. Cela prouvera d'ailleurs qu'il se trouve encore des hommes qui comprennent d'autres rémunérations que l'argent. Il est utile et moral de le proclamer. Ces hommes donneront, chose trop rare de nos jours, un exemple et une leçon d'honneur et de désintéressement.

---

# CHAPITRE IV.

## Fonctions et attributions du Conseil d'Etat.

ART. 17. — Le Conseil d'Etat se divise en deux sections, dont les fonctions sont distinctes : la *Section administrative* et la *Section du contentieux*.

La réunion des deux sections forme l'assemblée générale du Conseil d'Etat.

Jusqu'à présent nous n'avons eu à examiner que les questions relatives à la composition du personnel du Conseil d'Etat, questions secondaires, pour ainsi dire, puisqu'elles ne touchent qu'indirectement aux principes qui constituent la juridiction administrative. Ici nous allons nous occuper de ces principes même. Une seconde fois depuis 1830, s'est trouvée une commission parlementaire qui s'éloignait des principes sur lesquels le Conseil d'Etat est fondé. Jusque là il n'avait eu que des fonctions; les législateurs de 1840 prétendent lui conférer des attributions. Ils croient que la justice *retenue*, si profondément différente de la justice *déléguée*, peut en quelque sorte être assimilée à celle-ci, et être rendue par un tribunal administratif à peu près inamovible, qui émettra à peu près des jugemens. Méconnaissant le caractère purement consultatif du Conseil d'Etat, en matière contentieuse, ils se remettent imprudemment sur la pente qui conduit à la confusion ressuscitée des pouvoirs, à ce chaos non interrompu depuis le moyen âge jusqu'à l'Assemblée constituante. Mais avant de discuter ces grandes questions, bases de notre liberté, nous devons examiner les amendemens qui établissent la section administrative.

Il résulte de l'art. 17 que le Conseil d'Etat fonctionnera en section administrative, en section contentieuse, en assemblée générale.

## SECTION PREMIÈRE.

### De la Section Administrative.

ART. 18. — La section administrative est composée, indépendamment des ministres qui peuvent la présider quand ils le jugent convenable, 1° d'un président; 2° de dix-neuf Conseillers d'Etat; 3° de dix-huit maîtres des requêtes; 4° de cinquante auditeurs; 5° des personnes admises à participer aux travaux du Conseil d'Etat, aux termes des articles 12, 13 et 14 de la présente loi.

ART. 19. — La section administrative est nécessairement appelée à donner son avis: 1° sur les réglemens d'administration politique; 2° sur les ordonnances qui doivent être rendues dans la forme des réglemens d'administration publique; 3° et, en général, sur toutes les affaires administratives et non contentieuses, dont l'examen est déféré au Conseil d'Etat par des dispositions législatives ou réglementaires.

ART. 20. — Elle est également appelée à donner son avis, mais seulement lorsque le renvoi lui en est fait par les ministres, 1° sur les projets de loi; 2° sur les projets d'ordonnances non compris en l'article précédent; 3° et, en général, sur toutes les questions à raison desquelles elle est consultée par les ministres.

La section administrative, ainsi composée, paraît un Conseil d'Etat au petit pied. Elle reçoit, en effet, à peu près toutes les fonctions attribuées au corps, qui est le Conseil du gouvernement. Elle délibérera nécessairement comme lui, sur les réglemens d'administration publique, cette sorte de législation secondaire et organique, rangée par la Charte dans le domaine du pouvoir royal, pour laquelle les lois ont voulu la garantie de la discussion et de l'avis du Conseil d'Etat; elle pourra être appelée, comme lui, à donner son avis, suivant le texte plus net du projet de 1834, sur les questions, les projets d'ordonnances et les projets de loi qui lui sont renvoyés par les ministres. Ainsi, cette section, à quelques exceptions près, serait substituée au Conseil d'Etat actuel tout entier, pour les affaires administratives. Mais, par la volonté des ministres, elle peut n'être qu'un comité agrandi, quoique alors son opinion semble devoir rester décisive, dans une discussion dont elle aura préalablement jugé les élémens avec une scrupuleuse attention, devant le reste du Conseil moins préparé au débat et moins confiant dans ses lumières instantanées et dans un rapide examen (1). D'après cette volonté ministérielle sans règle, la section administrative, en réalité, n'a donc pas une nature propre, tantôt délibérant définitivement sur l'avis d'un comité, tantôt donnant son avis sur l'avis

(1) Art. 39. — Le Conseil d'Etat, en assemblée générale, est appelé à donner son avis sur les projets de loi, sur les réglemens d'administration publique et les ordonnances qui doivent être rendues dans la forme des réglemens d'administration publique, que le gouvernement jugera convenable de soumettre à l'assemblée générale.

d'un comité pour le soumettre à l'avis de l'assemblée générale du Conseil d'Etat; rouage compliqué, lorsqu'il n'émettra qu'un avis sur un avis; rouage inutile, lorsqu'on le franchira pour arriver directement à l'assemblée générale; garantie insuffisante, puisqu'il y en aura une supérieure; superfétation retardatrice et dangereuse par conséquent; cause vaine et fréquente de responsabilité pour les ministres, à qui, sans cesse, on pourra demander pourquoi l'assemblée générale n'a pas été, de préférence, saisie, au moins en appel, des réglemens, des ordonnances ou des projets de loi qu'on repoussera. Cette section, que le texte précis de la loi fait un degré obligatoire de la juridiction consultative du Conseil d'Etat; qu'elle fait le Conseil d'Etat lui-même quand le gouvernement le juge convenable, n'est, en définitive, qu'un intermédiaire nuisible entre les comités et le Conseil véritable, nuisible pour le gouvernement, nuisible pour la prompte expédition des affaires, nuisible pour le Conseil d'Etat une fois de plus fractionné.

ART. 21. — La section administrative se subdivise, pour la préparation de ses travaux, en autant de comités que le réclament les besoins des divers départemens ministériels.

Cette subdivision s'opérera par un réglement d'administration publique, qui déterminera aussi celles des matières comprises dans l'article précédent qui pourront n'être soumises qu'à l'examen de certains comités réunis ou d'un seul comité (1).

Lorsque le Conseil d'Etat comprenait vingt-quatre Conseillers en service ordinaire, on a trouvé naguères qu'il n'était pas assez nombreux pour suffire à la multiplicité des affaires, croissante par suite de la nouvelle législation sur les municipalités, sur les élections, sur la garde nationale, sur la vici-

(1) Ce réglement remplacerait l'ordonnance un peu vague du 25 mars 1830, et compléterait les dispositions des articles 19 et 20 de la loi actuelle amendée.

nalité, et par suite surtout du grand mouvement industriel et commercial que la paix et la liberté développent incessamment dans le pays (1). En réduisant le service extraordinaire aux deux tiers du service ordinaire, on trouvait une conséquence logique dans l'augmentation du service ordinaire; car, en ramenant le Conseil d'Etat au vœu de son institution, ajoutait le rapport, en cherchant à le préserver de cette instabilité que le mouvement rapide et illimité du service extraordinaire pourrait lui communiquer, on est conduit à l'idée de fortifier le service ordinaire, c'est-à-dire la portion stable et permanente du Conseil. Trente Conseillers d'Etat étaient donc jugés nécessaires; on en ajoutait vingt en service extraordinaire. Les six comités du Conseil comprenaient ces cinquante Conseillers d'Etat : il était reconnu qu'il n'y avait pas

(1) Rapport au Roi, 18 septembre 1839.

exagération dans ce nombre. Aujourd'hui voilà que les fonctions administratives seront suffisamment remplies par dix-neuf Conseillers d'Etat en service ordinaire, et par douze ou quatorze en service extraordinaire, choisis parmi tous ceux qui auront l'autorisation de participer aux travaux. Cependant la création de la section du contentieux ne diminue en rien les affaires administratives, et il y aura deux cinquièmes de juges de moins. Six Conseillers formeront donc chaque comité, parmi lesquels quatre au plus en service ordinaire. L'exactitude devra être pour eux plus qu'un devoir ou une nécessité; elle sera une grâce d'état.

Et remarquez la régularité qu'on donne au service extraordinaire. Les membres en titre de ce service, ceux qui en auront les prérogatives comme pairs, comme députés, comme académiciens, pourront assister à la section administrative sans y voter sur l'affaire qu'ils auront votée à leur comité, et la voter de nouveau en assemblée générale du Conseil d'Etat, ou bien la voter au comité, la voter en section administrative, et s'abstenir en Conseil d'Etat réuni. Il leur faudra une étude attentive de leur droit accidentel, car leur triple assistance produira des combinaisons variées, qui dépandent de leur nombre et de leur rang, et du nombre des membres présens en service ordinaire. L'exécution de telles dispositions tombera bientôt en désuétude, et il y a un nom pour les lois qui aboutissent ainsi. Et quelle garantie offrira donc une telle mobilité, aux intérêts de la sorte appréciés, aux décisions même, au Conseil et à sa jurisprudence, au gouvernement?

Art. 22.— Les personnes admises à participer aux travaux du Conseil d'Etat ont voix délibérative dans toutes les affaires, à la discussion desquelles elles prennent part, soit dans la section administrative, soit dans les comités.

Les maîtres des requêtes en service ordinaire et

les maîtres des requêtes en service extraordinaire, admis à participer aux travaux du Conseil d'Etat, ont voix consultative dans toutes les affaires, et voix délibérative dans celles qu'ils rapportent.

Les auditeurs ont voix consultative dans les affaires dont le rapport leur est confié.

ART. 23. — La section administrative ne peut délibérer, si, non compris les ministres, quinze au moins de ses membres, ayant voix délibérative, ne sont présens.

Les délibérations sont prises à la majorité des voix ; en cas de partage, celle du président est prépondérante.

Une des causes qui ont fait le plus attaquer le Conseil d'Etat; qui ont le plus fait douter de son indépendance et de sa justice, est la participation à ses travaux d'un service extraordinaire illimité. L'ordonnance du 18 septembre 1839 n'a pas eu d'autre motif; son but a été de la restreindre et de la réformer. Que propose l'art. 23 des amendemens de la Chambre des Députés ? Quinze membres ayant voix délibérative, non compris les ministres, doivent être présens pour valider une délibération. Mais, sur quinze Conseillers d'Etat, il y en aura six en service extraordinaire : que dans une affaire importante, deux ministres et le Garde-des-sceaux président se rendent à la séance, et le service extraordinaire sera le maître du vote, d'un vote peut-être contraire à la jurisprudence du Conseil d'Etat. La loi aura donc rétabli ce que l'ordonnance avait détruit non sans peine, et les hommes, qui se méfient toujours, retrouveront leur sujet de défiance. Il est vrai qu'il s'agit ici de matières administratives. Mais l'intérêt collectif n'a pas droit à moins de garanties que l'intérêt individuel. Penserait-on, en les demandant plus fortes et plus tutélaires en apparence pour les affaires contentieuses, qu'il est inutile de les assurer à ces réglemens d'administration publique pour la division des Cours royales en Chambres; pour la création de Chambres nouvelles ou la suppression des anciennes; pour l'organisation des Chambres consultatives des manufactures; pour les statuts des associations et congrégations religieuses; pour l'établissement des tribunaux de commerce; pour le curage des rivières; pour le travail des détenus; pour cent autres objets aussi importans? Penserait-on que les tarifs des droits à percevoir sur les ponts et ceux des droits de navigation intérieure; les baux à longues années des biens ruraux des communes et des hospices; les changemens de noms; les transactions des communes sur des droits de propriété; les séminaires; les monts-de-piété; les plans d'alignement; les concessions de mines; les desséchemens de marais; les sociétés anonymes; les sociétés d'assurances; les dons et legs en faveur d'établissemens publics, par exemple, méritent moins de garanties qu'une contestation relative à un intérêt privé? Combien d'intérêts privés ne sont-ils pas en jeu dans ces réglemens ou dans ces ordonnances ? Et tandis que, d'un côté, l'on est à la recherche des garanties dont on peut entourer les affaires contentieuses, pourquoi, de l'autre, ne donne-t-on pas aux affaires administratives la garantie du nombre, et, à la jurisprudence du Conseil, celle de la majorité constante du service ordinaire? Pourquoi cette unique préoccupation en faveur de l'individu, tandis que l'Etat est négligé, au détriment de tous? Au lieu d'une grande pensée, d'une pensée gouvernementale et politique, ne laissez-vous pas percer celle qui ne se repose ordinairement que sur un litige, et l'homme d'Etat ne disparaît-il pas ici sous le jurisconsulte? Je sais combien sont sacrés les intérêts du citoyen qui plaide contre l'Etat, alors surtout que l'Etat est lui-même son juge. Mais je sais aussi que l'Etat n'est pas nécessairement en suspicion d'injustice et de forfaiture, et que ses intérêts ont un droit au moins égal à la protection de la loi. Ce n'est pas en effet vers lui qu'inclinerait la balance, si elle oscillait une fois dans le doute. Sous Napoléon même, il n'en était pas ainsi, alors que le Conseil d'Etat était à l'apogée de sa puissance, et que les ministres n'avaient à craindre aucune espèce de responsabilité. Ses avis, devenus historiques, furent aussi justes qu'indépendans. L'impartialité, c'est la liberté des gouvernemens absolus : ne serait-elle, dans les gouvernemens libres et aux yeux de certains hommes, que l'intérêt protégé du citoyen contre l'Etat désarmé?

Art. 24. — Les projets et avis délibérés par la section administrative seront transcrits sur le registre contenant les procès-verbaux des délibérations ; il sera fait mention des membres présens. Le procès-verbal de chaque séance sera signé par le président et par le secrétaire-général.

Art. 25. — Les ordonnances rendues, après délibération de la section administrative, le mentionneront ; celles rendues après la délibération d'un ou de plusieurs comités indiqueront le comité ou les comités qui auront été entendus.

C'est ce qui se pratique maintenant.

## CHAPITRE V.

### SECTION II.

#### De la Section du Contentieur.

Art. 26.— La section du contentieux est composée : 1° d'un président et de huit Conseillers d'Etat ; 2° d'un Conseiller d'Etat et de deux maîtres des requêtes adjoints, annuellement désignés par le garde-des-sceaux, pour remplir les fonctions du ministère public ; 3° de dix maîtres des requêtes ; 4° de dix auditeurs, ayant plus de trois années de services.

Art. 27.— Le président et les Conseillers d'Etat, appelés à siéger comme juges dans la section du contentieux, seront choisis par le Roi, parmi les Conseillers d'Etat compris dans les deux premiers tiers du tableau dressé selon l'ordre d'ancienneté.

Ils ne pourront être distraits de la section du contentieux que sur leur demande ; et, en cas de révocation, ils conserveront leur titre et le tiers de leur traitement.

ART. 28. — La section du contentieux prononce souverainement et en dernier ressort, sauf le recours dont il est parlé ci-après : 1° sur les questions de compétence qui s'élèvent entre les autorités administratives, en matière contentieuse ; 2° sur le recours pour incompétence et excès de pouvoir contre les décisions administratives ; 3° sur le recours contre les décisions administratives, en matière contentieuse, qui ne sont pas rendues en dernier ressort ; 4° sur les appels comme d'abus, émis soit par des particuliers contre des ministres du culte, soit par des ministres du culte contre leurs supérieurs ; 5° sur les prises maritimes ; 6° sur les oppositions à des ordonnances royales et sur les demandes en interprétation de ces ordonnances ; 7° sur les recours pour violation des formes ou de la loi contre les décisions administratives rendues en dernier ressort, à l'exception des arrêts de la Cour des comptes ; 8° Enfin, sur toutes les affaires administratives contentieuses, qui, en vertu de dispositions législatives ou réglementaires, doivent être directement soumises au Conseil d'Etat.

MOTIFS DE LA COMMISSION.

La commission de la Chambre des Députés, suivant M. Dalloz, n'a pu admettre le système du gouvernement sur le caractère purement consultatif du Conseil d'Etat en matière contentieuse; elle a pensé que le moment était venu d'instituer, au sein même de ce Conseil, une juridiction réelle, déléguée comme la justice ordinaire.... Est-il constitutionnel et utile que le Conseil d'Etat conserve son caractère en ce qui touche l'administration ? Est-il constitutionnel et utile qu'il le conserve relativement à la justice contentieuse, et que le contentieux administratif reste entre les mains de l'administration ?

L'utilité et la constitutionnalité du Conseil d'Etat, considérées sous le premier rapport, c'est-à-dire comme Conseil du gouvernement, n'ont pas été un seul moment méconnues, dit la commission. Elle cite avec éloge les services qu'il rend ; elle le regarde comme un impérieux besoin de notre centralisation administrative, qu'elle n'attaque pas, il le faut remarquer; elle convient que son action assure l'observation des règles, prévient les erreurs et les abus qui pourraient se glisser dans l'administration secondaire, et maintient l'uniforme application des lois dans les divers départemens ministériels: d'ailleurs, dans chaque degré de la hiérarchie administrative, à côté de l'agent de l'administration, la sagesse de nos lois à pris soin de placer un Conseil. L'analogie du Conseil municipal auprès du maire et du Conseil général auprès du préfet, au Conseil d'Etat près du gouvernement, ne nous paraît pas très concluante; mais continuons l'analyse des motifs qui ont décidé la commission.

Elle ne méconnaît pas non plus les services du Conseil d'Etat, dans l'exercice de ses fonctions judiciaires; elle a même été unanime pour rejeter l'idée de renvoyer aux tribunaux le contentieux de l'administration, en totalité ou en partie. Mais elle repousse le maintien d'un ordre de choses qui, dans sa pensée, est tout à la fois en opposition avec l'esprit de la loi fondamentale, préjudiciable à des droits privés auxquels la société doit garantie, et contraire à la saine raison, qui ne permet pas plus à l'Etat qu'à un particulier de demeurer juge, et surtout juge souverain, dans sa propre cause. Elle distingue les cas où l'administration touche à un intérêt ou attente à un droit : dans le premier, le gouvernement doit demeurer seul arbitre de la réclamation qui lui est adressée; dans le second, c'est affaire de justice, puisqu'il y a droit légal de réclamation. Or, toute justice appelle un juge, et la raison dit, comme l'équité, que ce juge ne peut être une des parties. D'ailleurs la Charte exige que toute justice soit déléguée, et il n'est pas possible d'objecter que la justice administrative n'est pas susceptible de délégation, puisque nous la voyons déléguée à la Cour des comptes, au Conseil royal de l'instruction publique, aux Conseils de révision, aux Conseils de préfecture, aux commissions spéciales; en un mot, à toutes les autorités administratives, sauf l'exception unique du Conseil d'Etat. Quant à l'inamovibilité, l'existence des juges-de-paix, des tribunaux de commerce, pour ce qui regarde la justice ordinaire; celle des Conseils de préfecture et des Conseils de révision pour les tribunaux administratifs, montrent assez que la loi fondamentale ne doit pas, à cet égard, être entendue *dans un sens absolu*, puisqu'elle a maintenu ces juridictions, malgré l'amovibilité de leurs juges.

CONSEIL ADMINISTRATIF.

Sous le rapport administratif, le Conseil d'Etat, tel qu'il est aujourd'hui, trouve donc théoriquement grâce devant la commission.

Elle reconnaît qu'il est utile et constitutionnel. Il y a progrès, car nous n'avons pas perdu la mémoire des discours éloquens qui lui refusaient ces deux qualités. Ce progrès, qui n'est point, cette fois, un retour vers le passé, peut nous en faire espérer un autre, et le temps n'est peut-être pas bien éloigné où le Conseil d'Etat, statuant au contentieux comme aujourd'hui, sera reconnu constitutionnel et utile. Si vous y aviez assisté, si vous le connaissiez, vous verriez qu'il est aussi indépendant qu'un corps inamovible (1).

CONSEIL CONTENTIEUX.

C'est donc seulement sur les décisions contentieuses que la commission ne partage pas le système du gouvernement, système que lui ont légué la Restauration, l'Empire, la Convention, l'Assemblée constituante et l'an-

(1) M. Thiers, ministre de l'intérieur, à la Chambre des Députés, — séance du 27 mars 1835.

cienne monarchie elle-même ; système qu'ont contribué à établir les hommes d'Etat les plus éclairés et les plus illustres de ces temps. Si l'Assemblée constituante, en effet, a rendu lumineux et distinct le principe de la séparation des pouvoirs, il existait avant elle, quoique enfoui dans la confusion où une autorité royale absolue et des parlemens rivaux retenaient mélangées les vraies doctrines de l'autorité. Charles VI excluait de ses Conseils les sénéchaux, les juges et les officiers du parlement (1). Depuis cette époque, depuis l'institution antérieure des parlemens, la justice retenue fut séparée de la justice civile, et leur limite, toujours indécise et contestée, resta le sujet perpétuel de discordes et d'envahissemens. De nos jours encore, des bornes

(1) *Ne senescalli et alii nostri judices, eorum administratione durante, de consilio nostro sint, prohibemus*, 1388.— Ordon. de 1409.—(M. Pichon, du Conseil d'Etat, 1829.)

infranchissables ne sont pas posées; elles ne le seront peut-être jamais. Le Roi constitutionnel, de qui toute justice émane au nom de la Charte, est souvent obligé d'en reprendre l'exercice, et les conflits, qui la font remonter jusqu'à son trône, sont le jugement royal de ces deux justices.

Ainsi repousser une justice administrative, n'est-ce pas, au lieu de rétrograder jusqu'au temps où il n'y avait pas de justice déléguée, où le Roi, investi de tous les pouvoirs, les exerçait tous lui-même; n'est-ce pas ramener, avec mille dangers de plus, le temps où les Rois étaient dépouillés de toute autorité? Si alors on avait les Rois absolus ou les Rois fainéans, n'aurait-on pas aujourd'hui les Rois d'une république? Lorsque la civilisation naissante répandit quelques lumières; lorsque la royauté comprit d'autres devoirs que les jugemens par le sceptre ou les combats avec la lance, il y eut nécessité de confier quelques uns des droits trop multipliés du pouvoir, à des hommes, qui jugeraient au nom et à la place du Roi. Mais on ne leur attribua point les grandes affaires, les affaires de l'Etat. Celles-ci conservèrent leur nature, et restèrent royales : les déléguer, c'eût été abdiquer. Pourvu que la justice fût équitablement rendue entre les citoyens, la mission du prince était remplie : le principe seul de l'observation impartiale des lois était de l'essence de la royauté. Mais il n'en pouvait être ainsi des affaires de l'Etat. L'Etat n'était plus lui-même, il n'était plus souverain, c'est-à-dire le représentant des intérêts communs et collectifs, s'il reconnaissait, au-dessus de lui, la juridiction qu'il avait instituée pour des hommes isolés et égaux. Sa marche, que rien ne doit entraver, n'était plus libre, si des intérêts particuliers pouvaient lui présenter de sérieux obstacles, et le traîner, à leur suite, devant ses propres tribunaux, qu'il leur avait donnés; si l'appel contre lui-même pouvait être déféré à un juge, qui ne serait rien moins que le gouvernement au deuxième degré, s'il n'était pas le gouvernement même. L'Etat, centre de toute justice et pour qui toute justice est rendue, juge alors lui-même ces intérêts qu'on lui oppose, et l'administration n'est pas interrompue. Il y a donc cette différence de la justice qui juge les simples citoyens entre eux, à la justice entre ceux-ci et l'Etat, que la première ne doit se déterminer que d'après le texte précis de la loi, tandis que la seconde a pour premier devoir de supputer les intérêts de l'Etat, auquel sont subordonnés tous les intérêts privés.

JUSTICE ADMINISTRATIVE.

Il en résulte que c'est par la ressemblance abusive de deux idées différentes exprimées par le même mot, que l'on donne le nom significatif de justice administrative aux décisions contentieuses de l'administration. La justice administrative, ce n'est point de la justice ; c'est une appréciation d'intérêts. Est-ce à dire pour cela que ce soit de l'arbitraire? Qu'est-ce que l'arbitraire?

Les affaires contentieuses, les seules, on le sait, qui aient excité la sollicitude méfiante de la commission, ne sont pas toujours les plus importantes de celles que décident les avis du Conseil d'Etat. Elles n'ont pas même souvent un caractère assez distinct, pour qu'on les sépare, sans hésitation, des affaires purement administratives. L'intérêt privé, transformé en droit, qu'elles renferment, n'est pas un indice suffisant, un motif péremptoire pour les faire reconnaître infailliblement. Quoi qu'il en soit de cette barrière incertaine, qui semblerait nécessiter les mêmes précautions pour toutes les affaires qu'elle ne sépare pas suffisamment, c'est-à-dire, par une conséquence forcée et seule logique, exiger le renvoi aux tribunaux de toutes les affaires administratives, les affaires contentieuses arrivent principalement au Conseil d'Etat comme des appels d'arrêtés de préfets et de conseils de préfecture, de décisions ministérielles, d'arrêts de la Cour des comptes, ou comme des pourvois contre des ordonnances royales. Lorsque le recours est fait par l'administration contre l'administration elle-même, nous ne pouvons pas là chercher sérieusement l'arbitraire. Mais, dit M. Dalloz, quand au lieu de toucher à un intérêt, l'administration attente à un droit privé dérivant d'une loi ou d'un contrat; quand, par exemple, elle usurpe la propriété d'un particulier; quand elle lui refuse l'exécution d'un marché qu'elle a passé avec lui pour fournitures ou pour travaux publics; quand elle le frappe d'un impôt que la loi n'a pas autorisé, ou le condamne à une amende qu'il n'a pas encourue:

dans ces divers cas et autres semblables, il y a, non pas seulement faculté de représentation et de prière, mais droit légal de réclamation, principe incontestable d'action judiciaire (1). Ce principe, incontestable peut-être pour un jurisconsulte dans son cabinet, peut paraître très contestable à l'homme d'Etat qui l'examine d'un point de vue plus élevé. Sans nul doute, l'Etat doit respecter les droits, tenir ses engagemens, s'abstenir d'être déloyal ou concussionnaire. Mais l'Etat ne peut pas descendre devant un tribunal de première instance, ouvrant ses archives et apportant ses cartons, poussant devant lui ses fonctionnaires pour aller subir des débats contradictoires, dont le moindre danger ne serait pas la reconnaissance de la suprématie de l'autorité judiciaire. Ce qui est véritablement incontestable, c'est que l'affaire, où

(1) Page 21.

l'Etat est engagé comme Etat, ne sera que contentieuse; c'est qu'elle sera jugée par un tribunal exceptionnel; c'est que l'intérêt de l'Etat l'emportera sur le droit du citoyen pour la compétence de la juridiction; c'est qu'enfin l'Etat ne peut être jugé que par lui-même. Il a été préservé par la Convention de l'usurpation des tribunaux. L'Assemblée constituante ne redoutait pas l'arbitraire de ces jugemens, lorsque Thouret, rapporteur de son comité judiciaire, lui annonça la proposition de l'établissement, dans chaque département, d'un tribunal administratif, qui jugerait, d'après des lois précises et des formes déterminées, les affaires contentieuses qui peuvent s'élever à l'occasion de l'impôt ou relativement à l'administration (1). Ces tribunaux, que l'Assemblée n'aurait sans doute pas investis exceptionnellement de l'inamovi-

(1) Séance du 22 décembre 1789.

bilité, qu'elle repoussait en principe, ne lui inspiraient donc pas plus d'alarmes que plus tard à la Convention, sur un arbitraire alors si poursuivi. Des juridictions inférieures, où il ne pénètre pas, l'arbitraire montera donc au Conseil d'Etat. Là trente Conseillers d'Etat, parvenus au faîte de la hiérarchie administrative, *arrivés*, comme dit M. Vatout (1), se concerteront pour faillir à toute une longue vie de travaux, de services et d'impartialité; ou bien un ministre sera assez imprudent pour braver leur opinion, pour rejeter leur avis, et pour mettre en jeu, d'une façon aussi solennelle, sa responsabilité, que la presse seule suffirait à lui rendre bientôt insupportable! On le voit; M. Thiers vous l'a dit : *vous n'avez pas assisté au Conseil d'Etat.*

Si vous le connaissiez, c'est par lui que vous voudriez faire juger vos droits aussi bien

(1) Page 47.

que vos intérêts. Si vous le connaissiez, vous sauriez que l'indépendance la plus éclairée guide seule les opinions de ses membres; non pas cette indépendance bruyante, qui se drape sous les passions du moment; mais l'indépendance qui applique judicieusement la loi aux grands intérêts qu'elle pèse. L'histoire cite ces admirables discussions du Conseil d'Etat, qui ne seraient pas si belles si elles n'avaient été que des monologues; si personne n'avait lutté contre la puissance du maître; si personne n'avait exprimé des opinions franches et libres, en présence de celui devant lequel se taisaient la France et l'Europe (1). Si Napoléon n'intimidait pas; si le Conseil d'Etat, au milieu du silence du monde, osait faire entendre la voix de la justice, on ne supposera pas qu'elle soit facilement étouffée par les ministres de nos temps de liberté univer-

(1) M. de Salvandy, séance de la Chambre des Députés du 31 mars 1835.

selle. La durée des ministres est trop éphémère pour qu'ils entreprennent d'imposer au Conseil d'Etat un système ou leur volonté, alors même qu'ils en auraient la pensée. Où donc serait l'obstacle à l'indépendance, à l'impartialité? D'où peut venir la nécessité de l'arbitraire? A qui le profit? Ne dirait-on pas que Dammartin va s'enrichir des dépouilles du connétable de saint Pol ou que le supplice du maréchal d'Ancre fera la fortune d'un autre favori de Louis XIII? Aujourd'hui les Conseillers d'Etat jugent avec équité, parce qu'ils jugent avec la conscience de leur savoir, de leur talent, de leur expérience, et que la probité leur est aussi naturelle que l'indépendance leur est facile.

Mais n'oublions pas que ces jugemens ne sont pas définitifs. Le ministère peut les modifier, les annuler. Pour substituer à la sagesse du Conseil d'Etat l'arbitraire du ministre, il faut un coup d'Etat ministériel. Là cependant est la responsabilité, cette base du gouvernement représentatif. Il faut qu'en fait cela n'arrive jamais et qu'en droit cela puisse arriver toujours. Si les tribunaux ne peuvent apprécier les intérêts de l'Etat, il peut survenir des circonstances où le Conseil d'Etat lui-même n'est plus compétent, où l'application des règles ordinaires et de sa jurisprudence ne suffirait plus à ces intérêts. Ainsi l'ont récemment jugé les ministres pour le chemin de fer de Paris à Rouen. Il en serait de même d'une affaire contentieuse. Le principe fondamental de tout gouvernement, est que son action ne soit jamais suspendue. Est-ce par l'arbitraire qu'il écartera les obstacles ? Non, c'est par les intérêts de tous, aux dépens du droit de quelques uns. Une prise maritime a été faite dans les conditions des lettres de marque ; le gouvernement la déclare cependant non valide. Y a-t-il de l'arbitraire ? Non, l'intérêt de l'Etat exigeait cette décision politique, et la justice administrative a été juste. Que serait, en pareil cas, la justice des tribunaux? Mais il n'y aurait pas d'expression pour flétrir cette injustice et cette confiscation. Le gouvernement doit donc conserver toute sa liberté : il ne le pourrait pas s'il avait à subir les jugemens de tribunaux, qui auraient cette juridiction propre que la commission attribue à la section du contentieux.

La juridiction propre n'est pas seulement une modification au Conseil d'Etat et une garantie de plus, ainsi que semble le croire la commission qui la crée. Elle est un changement fondamental dans la constitution du pays. Elle attaque la séparation des pouvoirs; elle en sape le principe; elle en rend la barrière flottante. Un corps, investi d'attributions, deviendra judiciaire, quoiqu'il provienne de la nature administrative. Alors il sera difficile de décider où finit l'administration, où commence la justice : celle-ci l'emportera toujours. On ne peut effectivement contester l'influence sans bornes du pouvoir judiciaire. A Rome, chaque fois qu'on l'altérait, c'était une révolution. On sait, en France, l'histoire de la magistrature. Au milieu de l'engouement de 1790, et dans l'exaltation des idées républicaines, le principe de la juridiction administrative avait été revendiqué, tant il était urgent et juste (1). Aujourd'hui, l'on dirait des hommes qui font consister leur génie à inventer le passé. Ils replongent les pouvoirs dans leur inextricable mélange, les vouent à d'inévitables et prochaines collisions. De quelques précautions qu'on entoure le tribunal administratif, ses tendances sont certaines et son but, fatal. On peut donc l'entrevoir et le juger tel que le fera l'œuvre trop prompte du temps.

(1) Lois des 9 août 1789, et des 11 Septembre et 14 octobre 1790.

INAMOVIBILITÉ.

L'attribution d'une juridiction propre, à un corps aussi élevé que le Conseil d'Etat, emporte l'inamovibilité de ses membres. On s'efforce de la rendre explicite; elle deviendra légale. Dès qu'il y aura justice sans appel, les magistrats suprêmes, qui en seront chargés, obtiendront les garanties les plus complètes de leur indépendance. Echappés à l'action du pouvoir ministériel, ils ne voudront tenir à lui par aucun lien. Egaux, sinon supérieurs, à toutes les magistratures, il n'y aura aucune prérogative qu'ils ne voudront s'arroger, aucun privilége dont ils ne voudront s'investir. Partout les premiers, ils voudront être le plus favorisés partout. L'amour de la domination est aussi fort, au cœur de l'homme, que l'amour de l'indépendance: il soigne également ce qui peut donner l'une et l'autre. Dix personnes, revêtues du droit de juger l'Etat sans appel, ne consentiront pas à reconnaître des avantages à onze personnes, qui jugent des procès en cassation. Les fonctions font le caractère. Juger, ce fut toujours avoir la prééminence. Juger les ministres, l'Etat, le Roi lui-même, qui sera, par ses ordonnances, justiciable du tribunal administratif, comme les préfets par leurs arrêtés, ce sera de la toute puissance ou ce qui la requiert : l'inamovibilité ne fera pas défaut. La première conséquence générale à tirer de la juridiction directe est donc celle-ci : dans peu de temps, le corps qui l'exercera sera inamovible.

La commission trouve dans la Charte que *toute* justice doit être déléguée. Elle veut donc que la justice relative au contentieux administratif, soit déléguée. Mais la Charte ajoute que les juges seront inamovibles, et la commission, au lieu de conclure, interprète. Elle interprète même mal, puisqu'elle voit dans la

Charte des dispositions que la Charte ne renferme pas. Nous ne nous en prévaudrons nullement pour dire, avec la même raison, que la Charte maintient la juridiction actuelle du Conseil d'Etat. Ce qui est clair, c'est que la délégation de la justice est sanctionnée par l'inamovibilité du juge : voilà le principe de la Charte. Ainsi, reconnaître dans le texte de la Charte la nécessité absolue de déléguer la justice administrative, c'est y puiser l'obligation de rendre le juge inamovible. La logique des principes est d'accord avec la logique des faits. Elle est d'accord avec l'opinion des hommes les plus éclairés : un système qui, modifiant ce qui existe, dit M. Laplagne, n'accorderait que la juridiction sans inamovibilité, ou l'inamovibilité sans juridiction, serait considéré comme insuffisant, et il ne convient pas de séparer ces deux questions. Enfin le système de la commission conduit à des résultats qu'elle n'a, sans doute, pas entrevus. S'il est vrai, en effet, que statuer sur le contentieux administratif, ce soit rendre un jugement, et que l'inamovibilité soit une condition nécessaire pour rendre le jugement, ce n'est plus seulement le tribunal supérieur qui doit être inamovible; les juridictions d'un degré inférieur doivent l'être aussi. Déclarera-t-on les préfets inamovibles? Et les ministres?

La Charte n'a donc entendu parler que de la justice ordinaire, de cette justice qui se distribue aux citoyens par les organes de la loi. L'autre justice appartient au chef suprême de l'administration : seul il doit et peut la dispenser. Il n'a besoin, pour cela, ni de l'attribuer à un corps inamovible, ni de lui en faire une juridiction propre : il faut qu'elle reste entre les mains de l'administration; il faut même qu'elle soit variable comme elle.

Dans ces conditions, nous avons vu qu'elle

serait rendue avec autant d'indépendance que d'impartialité. Les hommes, chargés de l'examen et de l'appréciation des actes, ne sont pas ceux qui les ont faits ou qui les exécuteront. Voilà une garantie sérieuse et réelle. Cette mesure était un bienfait immense de la part du Consulat, dit encore M. Laplagne ; elle faisait succéder l'impartialité et la fermeté à la faiblesse, souvent inique, du Directoire. Quel motif aurait porté le Conseil d'Etat à être partial? Point d'amour propre en jeu, point d'intérêt personnel à l'injustice; l'Etat seul aurait pu y gagner ; et jamais le patriotisme n'a été et ne sera poussé jusqu'à prévariquer en faveur de l'Etat. D'autres garanties enfin assurent la bonne distribution de la justice administrative, surtout celles données par la révolution de 1830, préférables à cette inamovibilité, créée par Louis XI et répudiée par l'Assemblée constituante, qui n'est plus aujourd'hui, dit M. de Cormenin, que dans l'ordre des questions arriérées (1).

COMPOSITION DE LA SECTION.

Sans connaître la composition proposée de la section du contentieux, nous avons vu que la juridiction propre la conduirait à l'inamovibilité; qu'elle dominerait bientôt l'administration entière du pays, dont elle dénaturerait même la constitution. Ces résultats généraux, la commission n'en a entrevu ou n'en a laissé apercevoir que quelques uns, et elle a prétendu y remédier, s'opposant à la force inévitable des choses par des tempéramens, et, par des raisonnemens spécieux, aux conséquences forcées des principes qu'elle posait. Son premier tempérament, c'est la composition même de la commission. Neuf Conseillers d'Etat seront juges : un Conseil-

(1) Questions de droit administratif, tom. I, p. 22.

ler d'Etat sera le haut justicier annuel de l'administration; il aura deux maîtres des requêtes pour adjoints : dix maîtres des requêtes et dix auditeurs compléteront ce personnel.

Mais le petit nombre des membres de cette section nous frappe d'abord; aujourd'hui, le comité de l'intérieur est plus nombreux. Elle remplace cependant le Conseil d'Etat tout entier, dont elle n'atteint pas le tiers. Ce petit nombre est un premier danger. Les envahissemens seront plus faciles et les plans de suite mieux concertés. Ces neuf personnes, choisies dans les deux premiers tiers de la liste par ancienneté des Conseillers d'Etat, auront l'expérience des affaires et l'assurance qu'elle donne; entourées des garanties de l'inamovibilité, elles se regarderont avec raison comme libres de tout frein, mais aussi de toute responsabilité. Le tribunal aura donc bientôt un esprit de corps, une jurisprudence immuable, un système, des principes, des traditions, tous les inconvéniens que l'on reprocherait aux tribunaux ordinaires, s'il s'agissait de leur renvoyer les affaires de l'administration. Avec le tribunal administratif, ces inconvéniens seront infiniment plus redoutables, parce qu'ils seront concentrés sur un corps unique. Formé d'hommes vieillis dans la pratique de l'administration, d'hommes habiles et savans, par conséquent d'hommes aux idées arrêtées, ce corps opposera tous les avantages précisément réunis par ses membres d'élite, aux mouvemens progressifs d'un gouvernement obligé de marcher avec le temps et la société. Plus il sera éclairé, dévoué au pays, résolu à faire le bien ; plus il se montrera invariable dans ses résolutions, inattaquable dans ses habitudes, inflexible dans ses doctrines. Il étendra son pouvoir par cette seule force de durée et de volonté, qui lui sera naturelle ; ses préjugés, ses passions, ses convictions se perpétueront, s'imposeront à une administration toujours dépendante. C'est le défaut, c'est aussi la vertu des corps inamovibles; ils résistent, parce qu'ils peuvent vieillir. Mais chez eux, trop souvent, le juge survit à l'homme.

La Cour de cassation et la Cour des comptes ne méritent pas tous ces reproches. Elles ne sont pas de la même nature que le tribunal administratif, dont nous combattons l'innovation, quoique placées toutes les deux au sommet d'une hiérarchie. La Cour de cassation ne juge pas au fond, elle ne fait que donner d'autres juges : il n'y a point là de terrain où elle puisse empiéter. La Cour des comptes n'a qu'une seule attribution, elle ne rencontre pas assez l'administration active pour lui être obstacle. Le tribunal administratif, qui aurait à statuer souverainement sur le contentieux, serait au contraire placé dans des circonstances où l'envahissement lui serait facile et lui deviendrait habituel. La répression par le Conseil d'Etat, en assemblée générale, n'est qu'un autre tempérament, dont nous aurons bientôt à apprécier la valeur, et dont l'exercice est difficile à concevoir avec un tribunal unique. Ainsi l'administration, impuissante contre ce corps, ne tarderait pas à être contrainte de lui obéir. Le gouvernement ou la liberté aurait en face un auxiliaire ou un ennemi, qui, entraîné d'un côté ou de l'autre, menacerait d'enlever tout contrepoids au pouvoir ou tout frein à la liberté, c'est-à-dire de créer le despotisme ou l'anarchie. Et, dans cette alternative déplorable, c'est toujours pour le despotisme qu'optent les nations, car là du moins elles conservent l'espérance; il est un repos. Alors que M. de Villèle se servait des principes d'une anarchie surannée pour arriver au pouvoir, il réclamait l'inamovibilité du Conseil d'Etat (1). « Un

(1) Séance du 24 avril 1818.

« Conseil d'Etat inamovible, disait M. Cuvier, « serait un Roi, qui ne répondrait à personne, « qui anéantirait bientôt les Chambres et « toutes les institutions libérales. Ainsi la pro- « position de rendre le Conseil d'Etat inamo- « vible, est celle qui détruirait le plus promp- « tement possible la liberté, l'action des « Chambres, celle du pouvoir exécutif, car « ce serait en lui que se concentreraient tous « les pouvoirs (1). » Nous le disions.

Le système de la juridiction directe ébranlerait donc tout notre système de gouvernement. Le pays se verrait bientôt soumis au despotisme de neuf hommes inamovibles, irresponsables et souverains. Ils seraient l'administration tout entière, ou du moins ils la tiendraient tout entière enchaînée et assujétie. Ils formeraient une troisième Chambre, plus durable, et par conséquent plus forte que les

(1) Séance du 27 mai 1819.

deux autres, puisqu'on ne pourrait la renouveler ni par l'élection, ni par des promotions nombreuses; une Chambre dont les membres, institués à vie, ayant la tradition de toutes les administrations et surveillant l'exécution de toutes les lois, tiendraient de leur position une force, et de leur connaissance des faits un avantage contre lesquels aucune institution ne pourrait lutter. La responsabilité ministérielle, établie bien plus pour prévenir les abus du pouvoir que pour en assurer la repression, serait nulle devant des arrêts. Le tribunal n'encourrait point de responsabilité; personne n'en assumerait pour lui. Ainsi l'administration n'offrirait aucune garantie. Car il ne faut pas perdre de vue, quelque soit le mode de statuer au contentieux, que c'est toujours administrer. Les matières administratives, en effet, ne changent point leur nature, alors même que, par le mélange d'intérêts et de prétentions privées, elles prennent un caractère contentieux. L'intérêt général subsiste; il reste l'intérêt principal et dominant. L'administration doit donc agir sans interruption, et là elle tombe entre les mains d'une autorité irresponsable, qui pourrait suspendre son action, rendre vaine la protection que le gouvernement se doit à lui-même, et qu'il doit aux grands intérêts de l'Etat : qui pourrait, en un mot, arrêter la marche de l'Etat lui-même. Enfin l'attribution de la juridiction directe à un tribunal qui prendra, sans peine, tous les caractères et toutes les formes judiciaires, n'est qu'un acheminement vers le renvoi, désiré, aux tribunaux civils, de toutes les affaires contentieuses; il ne faut pas se le dissimuler.

Sous la Restauration, les souvenirs qu'avait laissé l'influence personnelle de Napoléon sur le Conseil d'Etat impérial, faisaient craindre que le Conseil ne devînt un instrument de force entre les mains du parti qui travaillait à tout dominer. La nation cherchait ailleurs des garanties et les demandait, de préférence, au pouvoir judiciaire, que sa constitution et son esprit de résistance plaçaient, chaque jour davantage, en dehors de l'action et dès tendances du gouvernement. Il y eut donc réaction en faveur de la magistrature. Aujourd'hui, si cette réaction continuait, elle serait aveugle et injuste. Ce serait donner un périlleux démenti aux principes réveillés par l'Assemblée constituante. Il est nécessaire de juger le Conseil d'Etat tel qu'il est, tel qu'il devrait être. Mais il n'en est pas ainsi. Les préventions, nées en d'autres temps, se sont enracinées, et certains esprits ne comprennent pas une justice qui échappe à leur toge. En vain on leur crie, par la bouche de l'éloquent Garde-des-sceaux du ministère du 1er mars, que la Restauration nous a fait adopter beaucoup d'opinions fausses; qu'on ne doit pas accepter, sans un nouvel examen, des décisions ainsi prises par un besoin d'hostilité, décisions qui n'ont pas été suffisamment mûries par l'étude et par la réflexion ; qu'il faut désormais envisager seulement les principes qui doivent être appliqués, les règles qui doivent être suivies, en nous rapprochant des formes de notre gouvernement et des nécessités de notre administration (1). En vain

(1) Aucun de nous n'a joué la comédie pendant quinze ans : mais il faut avouer que la Restauration, par sa mauvaise administration, nous a fait adopter beaucoup d'opinions fausses. Il y a une multitude de questions sur lesquelles un sentiment public s'est déclaré, sans qu'il ait été précédé d'un examen suffisant. Nous ne devons pas accepter, sans nouvel examen, les décisions ainsi prises par un besoin d'hostilité, que j'ai souvent éprouvé pour mon compte, décisions qui n'ont pas été suffisamment mûries par l'étude et par la réflexion. Il faut que nous examinions les questions, en nous dégageant de toutes ces idées faites à l'avance et reçues avec irréflexion, et que désormais nous envisagions seulement les principes qui doivent être appliqués, les règles qui doivent être suivies, en nous rapprochant des formes de notre gouvernement et des né-

on leur crie que la justice administrative n'est pas la justice civile, qu'elle est la justice des intérêts et non celle des droits; que l'Etat n'est pas justiciable. En vain on leur oppose les éternelles maximes de tous les gouvernemens. En vain ils savent qu'en Angleterre et aux Etats-Unis, jamais un entrepreneur de travaux publics, un fournisseur, un contractant quelconque avec le gouvernement, ne peut se plaindre qu'à l'autorité souveraine elle-même de l'inexécution du contrat de la part de l'agent avec lequel il a traité; que dans ces deux pays, il n'y a de voie de recours qu'un parlement ou un congrès, parce que le parlement ou le congrès seuls peuvent condamner la nation ou l'Etat, et faire exécuter le jugement. Ils connaissent les faits, l'his-

cessités de notre administration. Je crois que si nous suivions une autre marche, si nous nous constituions les héritiers universels de tout ce qui a pu être dit et soutenu contre la Restauration, nous risquerions de tomber dans de graves erreurs. (M. Vivien, séance du 25 mars 1835.)

toire, le droit, les adversaires du Conseil d'Etat. Eh bien, l'esprit du légiste l'emporte chez eux sur l'esprit de l'homme politique. L'institution de la juridiction propre inspire-t-elle un juste sentiment d'inquiétude pour les prérogatives des grands pouvoirs de l'Etat et pour la défense des libertés publiques? C'est au nom de ces libertés, dont la première et la plus sacrée est le droit d'obtenir justice, que l'institution d'une juridiction directe est réclamée par la commission. L'inamovibilité était le complément, obligé mais funeste, de la juridiction? La majorité de la commission est tentée de regretter ce complément de garanties, que, par un sentiment d'extrême circonspection, elle ne propose pas d'accorder. La responsabilité ministérielle, cette condition première de l'existence des libertés publiques; la défense orale et la publicité, ces garanties dont le bienfait a coûté, pour ainsi dire, une violence légale à notre gouvernement naissant; la liberté de la presse, le droit de pétition aux Chambres, ce sont là, si je ne me trompe, les plus précieuses conquêtes politiques de la civilisation moderne: la responsabilité du ministre ne peut jamais être sérieuse, répond la majorité de la commission; la défense orale et la publicité du débat sont les insuffisans palliatifs d'une organisation, affectée dans son principe même; le droit de pétition, c'est toujours la majorité de la commission qui parle, le droit de pétition et la presse sont des garanties bien plus illusoires encore..... Il n'y a donc rien de fait depuis 1789?

Nous le savions; mais ce n'est pas le lieu de le discuter. Tous ceux qui ont voulu changer l'esprit des nations, se sont singulièrement attachés à organiser, au gré de leurs desseins, le pouvoir judiciaire (1).

(1) M. Bergasse, séance du 17 août 1789, Assemblée nationale.

GARANTIES AUX CONSEILLERS D'ÉTAT.

En se retenant sur cette pente qui la conduisait à l'inamovibilité des nouveaux juges; en ne proposant qu'une modification salutaire qui peut seule, suivant elle, prévenir la réforme radicale, au profit des tribunaux, des attributions du Conseil d'Etat en matière contentieuse, la commission cherche à entourer les Conseillers d'Etat d'une garantie, exhumée de l'Empire (1), qui, suivant M. le baron de Fréville, l'entendait dans un autre sens. Ainsi, dans les vingt premiers Conseillers d'Etat, il y en aura neuf plus inamovibles que les autres. Cependant, vous voulez des hommes d'une expérience consommée, puisque vous exigez qu'ils soient choisis dans les deux premiers tiers du tableau. Là vous n'aurez que des hommes ayant de longs services et, sans doute, des droits à leur re-

(1) Sénatus consulte de fructidor an XII.

traite : en effet, l'âge moyen des vingt premiers Conseillers d'Etat sera toujours de plus de cinquante-un ans. Mais la retraite des Conseillers d'Etat sera plus forte que le tiers de leur traitement, dont l'investiture viagère vous semble un si puissant gage de leur indépendance. Que devient dès lors la sécurité des intérêts contentieux, échafaudée sur une garantie aussi vaine ? Ainsi la diversité, introduite dans le même corps, n'a pas même l'avantage d'être profitable.

ATTRIBUTIONS.

Le code des attributions du Conseil d'Etat, déjà vainement tenté, serait un travail immense, s'il était exécutable. Il faudrait une loi qui fît le *départ* exact des affaires administratives et des affaires judiciaires, et qui subdivisât les premières en affaires purement administratives et en affaires contentieuses. Ce serait la révision, l'explication, la démarcation de toutes nos lois ; opération d'autant plus difficile, que souvent, dans des contestations, s'il s'agit des personnes, de la propriété, des droits civils, du libre exercice de l'industrie, il n'est pas moins vrai qu'il y peut avoir quelque chose qui intéresse le gouvernement, et qui change la nature de l'affaire. Il s'agit donc de décider si elle peut être renvoyée devant la juridiction ordinaire, sans que celle-ci s'immisce dans l'administration, ou si elle restera dans la compétence administrative, difficulté qui se renouvellera sans cesse, et qu'il vaut mieux laisser à résoudre à la prudente réserve du Conseil d'Etat. Quant au partage des attributions du Conseil, c'est surtout dans sa jurisprudence qu'il faut aller chercher des règles sur la marche à suivre devant lui, lorsque les lois n'expliquent pas positivement en quelle qualité il doit être saisi. La commission de 1834 pensait que la proposition d'une loi qui rassemblerait, pour les énoncer méthodiquement, toutes les dispositions des lois et des réglemens d'administration publique, dont l'application, en matière contentieuse, *ne peut être faite* que par l'administration elle-même, aurait plus d'inconvéniens que d'avantages. Celle de 1840 préfère un principe net et précis à un partage d'attribution péniblement formulé, et, pour *ainsi dire*, impossible; la distinction entre le droit légal et le simple intérêt établit, en définitive, dit-elle, une ligne sûre de démarcation, et la jurisprudence du Conseil d'Etat laisse désormais peu d'incertitude dans l'application. Blackstone parle quelque part d'une loi criminelle d'Angleterre, dans laquelle on avait, avec beaucoup de soin, recherché, énuméré, défini tous les cas qu'on avait cru possible de prévoir, et, à la fin, craignant encore de s'être trompé, on avait ajouté : *et tous les autres cas semblables* (1).

(1) M. Léon de Maleville, séance de la Chambre des Députés, du 18 mars 1835.

La commission n'a donc pas entrepris le périlleux travail d'une loi d'énumération; elle s'est contentée, avec raison, de catégories générales. Remarquons d'ailleurs que le Conseil d'Etat ne statue presque jamais sur le contentieux administratif que par suite de pourvois au *fonds* ou en la *forme*. C'est une juridiction au second, et quelquefois au troisième degré. Ce n'est donc pas dans une loi sur le Conseil d'Etat, observe judicieusement M. Laplagne, que le code administratif doit trouver sa place; ce serait plutôt dans une loi sur les juridictions administratives de premier degré. Cette observation est applicable également à l'opinion de ceux qui, reconnaissant l'impossibilité de faire un code complet des attributions du Conseil d'Etat, voudraient procéder par voie d'exclusion, et lui retirer toutes celles de ces attributions qui doivent appartenir aux tribunaux. Ce travail, quoique plus simple que la formation d'un code, présenterait de grandes difficultés d'exécution, et, s'il y a dans la juridiction du Conseil d'Etat, des matières qui appartiennent aux tribunaux, il vaut mieux les lui retirer successivement et par des lois spéciales, que d'entreprendre une refonte générale des lois qui le concernent.

APPELS COMME D'ABUS.

Nous ne nous serions donc pas arrêtés sur les dispositions relatives aux attributions de la section du contentieux, puisqu'il n'y a pas de principe nouveau introduit par la commission réformatrice, si elle n'avait voulu transposer quelques unes de ces attributions. Parmi celles qu'une jurisprudence constante soumettait à l'assemblée générale du Conseil d'Etat et que la commission en distrait, dans la plupart des cas, sont les appels comme d'abus. Autrefois jugés par les parlemens, la loi du concordat les a déférés au Conseil d'Etat, et il n'en a pas été dessaisi par le décret non exécuté du 25 mars 1813, décret de colère et de représailles, qui avait été fulminé contre un ennemi politique, l'Empereur n'ayant jamais voulu sérieusement traduire des ecclésiastiques devant les cours impériales (1). L'ordonnance du 29 juin 1814 rendit au Conseil d'Etat les appels comme d'abus. Depuis ce temps, ils y sont suivis et terminés dans la forme administrative, sans publicité et sans avocat. (2).

La commission a établi une distinction entre les trois manières d'introduire, au Conseil d'Etat, les appels comme d'abus (3). Elle a pensé que lorsque les citoyens se pourvoiraient contre les ministres du culte ou les

(1) Le Concordat de Fontainebleau, auquel l'abbé de Pradt ne sait trop donner d'éloges, est du 25 janvier 1813.

(2) L'ordonnance du 12 mars 1831 excepte de la publicité des audiences, les délibérations et les jugemens des appels comme d'abus.

(3) Art. 6, 7 et 8 de la loi du 18 germinal an X.

ministres du culte contre leurs supérieurs, l'appel devait être porté à la section du contentieux, parce qu'il ne s'agit pas seulement d'apprécier un simple intérêt, mais un droit dérivant soit de lois générales, soit de lois spéciales, droit privé, et par conséquent affaire contentieuse. Quant à la troisième manière, c'est-à-dire aux appels introduits d'office par les préfets, la commission leur reconnaît également pour base la déclaration d'un droit écrit dans nos lois ou consacré par les principes de notre droit public, mais elle y voit surtout l'exercice d'un pouvoir politique, qui lui imprime le caractère dominant d'un acte de haute administration publique; et ce mélange de l'élément contentieux avec l'élément politique, l'a déterminée à en réserver le jugement à l'assemblée générale du Conseil d'Etat, c'est-à-dire au gouvernement lui-même, sous sa responsabilité.

Nous ne pouvons partager cette opinion

de la commission. En reconnaissant que, dans les trois cas, les appels comme d'abus sont fondés sur des droits écrits et semblables, elle ne donne pour raison de la différence de juridiction à laquelle elle les soumet, que l'appréciation de l'intérêt politique, attaché à un acte de haute administration. Mais aucun intérêt politique ne s'attachera-t-il donc aux appels comme d'abus d'un citoyen, aux appels comme d'abus d'un inférieur? La dénonciation d'un scandale ne produira-t-elle pas un scandale plus grand? L'affaire ne grossira-t-elle pas jusqu'à devenir la religion elle-même, persécutée et poursuivie? Ne sera-t-elle pas envenimée par des plaidoiries passionnées, et dénaturée par la presse? Ne remuera-t-elle pas toujours nos rapports avec la cour de Rome? Vous n'avez pas pensé que le jugement des appels comme d'abus, pût, sans de graves inconvéniens, être renvoyé aux tribunaux ordinaires, aux

Cours royales même, comme vainement essaya de le faire Napoléon, parce que leur prétoire, c'est vous qui le dites, deviendrait une arène de scandale, où les passions locales rendraient difficile l'œuvre de la justice; vous n'avez pas pensé cela, et vous proposez de livrer ces débats à la publicité de nos jours, de les réserver à la publicité du tribunal le plus éminent, pour rendre à des droits privés les garanties qu'ils trouvèrent autrefois devant l'autorité judiciaire! Non, la publicité, par-devant les parlemens, n'a rien de commun avec le retentissement d'une cause scandaleuse, dans le prétoire du Conseil d'Etat, et toutes les causes de cette espèce seront scandaleuses. Lorsqu'ils se décideront à braver la publicité, le citoyen pour défendre son honneur ou sa croyance, le prêtre ses droits et son état, ils seront résignés, je voulais dire résolus au scandale. Eh bien, c'est ce scandale, n'importe qui il vienne flétrir, qu'il est du devoir du gouvernement, qu'il est pour lui d'un immense intérêt politique d'étouffer. Ne venez pas affliger, même l'indifférence, du spectacle toujours dangereux de discordes religieuses, ou de l'anachronisme de l'intolérance : les individus s'y perdent, et les nations n'y gagnent rien. Laissez se résoudre ces colères devant la suffisante publicité de l'assemblée générale du Conseil d'Etat. Le jugement seul fera plus de bruit que l'offense. N'initiez point le public à ces préalables dissensions ; ne mettez pas son œil entre un évêque abusé et un vicaire repentant. Songez que le huis-clos est aussi une garantie pour le citoyen offensé dans sa foi. Son droit, c'est la répression, ce n'est point l'éclat. Ici l'ordre public repousse la distinction de procédure que vous voulez établir, et, comme par le passé, la même autorité appréciera indistinctement tous les appels comme d'abus.

La commission propose de faire juger les prises maritimes par la section du contentieux, c'est-à-dire avec plaidoiries et publicité.

Le jugement des prises maritimes, autrefois dévolu à l'amirauté avec appel au conseil royal des finances, fut successivement déféré par la Convention au Conseil exécutif (1); par le Directoire aux tribunaux de commerce (2); par le Consulat à un conseil des prises, sauf recours au Conseil d'Etat (3); par la Restauration, au Conseil d'Etat contentieux (4). Le gouvernement actuel, par le motif que le jugement des prises maritimes est souvent subordonné à des considérations diplomatiques, qui ne peuvent devenir l'objet

(1) Décret du 18 brumaire an II.

(2) Décret du 3 brumaire an IV.

(3) Décret du 9 germinal an VIII, des 11 juin et 22 juillet 1806.

(4) Ordonnances des 9 janvier et 23 août 1815.

d'une discussion publique, l'excepta de la publicité, dont il avait fait la règle générale (1). Le projet de loi de 1834, ainsi que celui de 1840, proposait de les faire juger administrativement : c'est ce que repousse la commission.

Elle se fonde, nous n'affaiblissons point ses raisons, sur ce que le jugement d'une prise maritime, considéré dans son rapport avec le propriétaire du navire ou du chargement, a évidemment pour objet une question de propriété ; que dans son rapport avec le droit de l'équipage capteur, le jugement a pour objet une créance assurée par la loi. On dirait vraiment une hypothèque inscrite au bureau voisin. En 1834, M. le baron Mounier demandait également que les prises maritimes fussent comprises dans les matières contentieuses. Il rappelait les réclamations élevées de toutes

(1) Ordonnance du 9 septembre 1831.

parts, lorsque les tribunaux rendaient des jugemens sans ensemble et même sans connaissance du droit des gens; les plaintes des capturés, des corsaires, des ambassadeurs; la bonne justice du conseil des prises, remplacé, en 1814, par le Conseil d'Etat jugeant en matière contentieuse; il citait l'exemple de l'Angleterre, où les conclusions sont données publiquement, et les jugemens de l'amirauté toujours motivés; il distinguait les prises faites par la marine royale, qui ne peut jamais, comme en Angleterre, plaider contre le gouvernement pour se les faire adjuger, des prises faites par des corsaires, qui ont, au contraire, droit sur les choses capturées; il repoussait donc la juridiction administrative du Conseil d'Etat, parce que, toutes les fois qu'il s'agit d'une décision de justice, le tribunal doit avoir le plus de fixité possible, et ne voyait pas d'inconvéniens à l'intervention des avocats et à la publication de mémoires.

Le Garde-des-sceaux, M. Barthe, répondait que le souverain, arbitre de la guerre, doit seul être arbitre des conséquences de la guerre: qu'à l'époque où les tribunaux reçurent l'attribution de ces questions, essentiellement gouvernementales, les conséquences en furent promptement senties, et que le gouvernement se vit embarrassé par des décisions qui gênaient sa liberté, qui entravaient sa situation politique; qu'en maintenant ces matières dans la catégorie des matières administratives, dont la connaissance est dévolue au Conseil d'Etat, on pouvait les faire jouir de toutes les formalités consacrées pour les matières contentieuses par les décrets de 1806; mais qu'il ne fallait pas admettre un genre de débats qui contrarierait nécessairement la politique du gouvernement.

M. le comte Bérenger, apportant dans cette discussion le poids de son expérience et les lumières de son talent, rappelle que le conseil des prises ne jugeait que d'après les inspirations du ministre de la justice. Le gouvernement impérial n'avait pas pensé qu'il fût possible d'abandonner l'appréciation d'intérêts politiques à un jugement, qui ne serait que l'expression de la conscience de juges spéciaux. Les lettres de marque déterminent les conditions, sans l'accomplissement desquelles un corsaire ne peut être nanti de la prise qu'il a faite. Il faut qu'il ait rigoureusement, exactement rempli toutes les conditions qui lui sont imposées, pour que la prise soit considérée comme valable. Mais suffira-t-il toujours qu'il ait rempli toutes ces conditions? Non, sans doute; il y aura quelquefois une question d'un ordre élevé à examiner ; il faudra savoir si l'intérêt politique n'exige pas que la prise soit relâchée. Dans ce cas, faudra-t-il que le gouvernement indemnise le corsaire aux dépens des contribuables ? Y a-t-il quelqu'un qui voulût en faire la proposition?

Après quelques observations dans le même sens de M. le comte Portalis, rapporteur de la commission, qui avait été appelée à délibérer de nouveau sur sa proposition, la Chambre des Pairs l'adopta, conservant ainsi à l'Etat la liberté d'action qui lui est nécessaire dans l'exercice du terrible droit de la guerre.

La commission de 1840 n'examine cette question que sous le rapport d'un litige sur propriété ou sur créance. De la politique, pas une idée, pas un mot. N'est-ce pas un moyen, dit-elle, de prévenir les collisions que de remettre le jugement des prises à une juridiction indépendante, dont le gouvernement est lui-même obligé d'accepter les arrêts? Sans doute, si le gouvernement soumet les gouvernemens belligérans à reconnaître la juridiction de la section du contentieux de son Conseil d'Etat. Mais si les gouvernemens ennemis repoussent ses arrêts, n'adoptent pas ce nouveau droit des gens, et s'ils trouvent les plaidoiries insultantes, les considérans injustes, le dispositif inique, que feront-ils? Tout simplement, ils continueront la guerre. Dans ce cas, ajoute la commission, le gouvernement est armé du droit d'annulation pour excès de pouvoir ou violation des lois, qui lui est réservé. Ce droit effectivement est la dernière ressource laissée au gouvernement : mais si la section du contentieux n'a ni excédé son pouvoir ni violé la loi, que fera le gouvernement, pressé par l'intérêt urgent de sa politique? Ici la commission s'en tire par une confusion : l'Etat demeure toujours le maître de restituer une capture douteuse, et même de renoncer à une capture légitime. Comment ! mais la question de propriété, le droit de l'équipage capteur, la créance assurée par la loi, la section du contentieux doit décider tout cela ; son jugement est souverain ; c'est une juridiction indépendante, dont le gouvernement est obligé lui-même d'accepter les arrêts. Et voilà que vous faites le gouvernement maître de restituer une capture douteuse, douteuse à son propre et souverain jugement sans doute ; et même de renoncer à une capture légitime, reconnue telle sans doute par lui-même et enlevée capricieusement aux propriétaires légitimes et incommutables ! Mais où donc est le droit sacré de propriété, où la loi, où la justice? Le droit de l'équipage capteur, dit le rapport, bâtiment de la marine royale ou corsaire, ne naît qu'au moment où le gouvernement a retenu la prise et où elle a été déclarée valable : jusques là, l'Etat, souverain arbitre du droit de paix ou de guerre, conserve toute sa liberté pour la restitution d'une prise qu'il peut juger injuste ou impolitique. D'abord on ne doit pas admettre que les marins de la marine royale se prévaudront jamais de la loi, en appelleront jamais de la justice du gouvernement à la justice d'un tribunal. Le droit judiciaire du bâtiment capteur, lorsque c'est un bâtiment de l'Etat, n'attend donc aucune décision pour naître, tel qu'on le suppose, armé du texte d'une loi. Les marins de l'armée navale ne vont pas en course; leur pavillon ne cache pas une mercantile enseigne; ils font la guerre et ne spéculent pas sur ses hasards. Ils combattent pour la défense ou pour la gloire de leur patrie, et l'honneur est la seule récompense qu'ils ambitionnent du sang qu'ils ont l'honneur de verser pour elle. Lorsque le sort des armes fait tomber entre leurs mains des navires de l'ennemi, que leur courage ne cherchait pas, le gouvernement qui, seul, les reçoit, les juge et les achète ou les fait vendre, avec de nécessaires formalités, partage, entre la caisse des invalides de la marine et les équipages des bâtimens preneurs, suivant les règles qu'il a établies (1),

(1) Arrêté du 9 ventôse an IX.

le produit de la vente : les marins ne réclament pas. Leurs parts, confondues avec les gratifications accordées par le gouvernement (1), sont reçues par eux sans contestations, parce qu'ils n'avaient songé ni à les espérer *ni à les estimer*. Il n'en est pas de même, il n'en peut pas être de même des corsaires, ces pirates patentés, reste déplorable de la barbarie du moyen âge. Non seulement ils ont un droit absolu à leurs captures, puisqu'ils jouent leur vie à l'enjeu de ce honteux trafic, mais encore vous leur avez donné le droit de ne reconnaître que le jugement de la section souveraine du contentieux du Conseil d'Etat. Que venez-vous donc parler du moment où le gouvernement retient la prise, où il l'a déclarée valide? Quelle est cette liberté qu'il conserve pour la restitution d'une prise, qu'il regarde comme injuste ou comme

(1) Arrêté du 9 ventôse an IX.

impolitique. La prise injuste, la prise impolitique? La prise est ma propriété, vous répondra le corsaire assez heureux pour avoir détroussé un pacifique négociant; je l'ai faite dans les rigoureuses conditions des *lettres de marque;* la section du contentieux l'a décidé dans sa juridiction directe; la section du contentieux n'a ni excédé son pouvoir, ni violé la loi; tant pis pour le gouvernement si l'intérêt de sa politique ou les besoins de ses négociations lui font juger la prise injuste ou impolitique. Elle a été déclarée légale après une plaidoirie; elle est valide, elle est à moi.

Non, une question d'une telle importance ne se décide pas ainsi : non, un gouvernement éclairé ne cède pas ainsi à la vaine jalousie de l'intérêt privé, à la vaine susceptibilité de formes plus ou moins judiciaires, le droit d'engager sa destinée et de s'immiscer dans le plus grave de ses devoirs. Il ne laissera point troubler la solennité de ses résolutions par une plaidoirie, dans laquelle un avocat, s'imaginant parler à deux peuples attentifs, s'enivrerait à la coupe de cette gloire diplomatique, que son éloquence inexpérimentée pourrait rendre si dangereuse pour son pays. Quand il s'agit de la justice des nations entre elles; quand il s'agit de la formidable question de la guerre; quand il faut peser les traités, savoir si une nation est ennemie ou neutre; quand il faut ménager avec sagesse les plus grands intérêts de l'Etat, il n'y a pas trop de la détermination réfléchie du gouvernement lui-même; tous les autres intérêts et toutes les voix doivent faire silence. On n'a pas oublié combien d'années dura la guerre suscitée, entre la France et l'Angleterre, par quelques coups de poing de deux matelots sur le port de Bayonne. Ne laissons les capteurs et les capturés se rencontrer que dans la lice, dont le gouvernement ouvre ou ferme les barrières à volonté. Pourquoi d'ailleurs le gouvernement mettrait-il les corsaires, prévenus des chances qu'ils courent, dans une position où ils pourraient le compromettre; pourquoi leur délaisserait-il un droit plus étendu que celui qu'il se réserve pour lui-même? Le gouvernement n'accorde aux équipages de ses bâtimens une part dans les prises, que lorsqu'elles ont pu être déclarées valides, sans froisser ses intérêts. Ne pourrait-il pas résulter des propositions de la commission que le gouvernement déclarerait non valide une prise, que la section du contentieux validerait l'autre, toutes les deux faites dans les mêmes circonstances(1)? Serait-ce de la justice? Non; en fait de prises maritimes, la justice, c'est la politique, parce le droit, c'est la guerre. Il n'y a encore là de juridiction directe que pour le gouvernement.

(1) Art. 23 de l'arrêté du 9 ventôse an IX.

Enfin la commission a discuté comment seraient jugés les recours pour incompétence, excès de pouvoir, violation des formes ou de la loi, ouverts contre les décisions, en dernier ressort, des autorités administratives : je ne sais s'il est nécessaire d'ajouter qu'elle les a attribués à la juridiction souveraine de la section du contentieux.

Ainsi la section du contentieux atteindra à toutes les matières administratives ; elle tiendra en lesse toute l'administration. Tantôt Cour royale et tantôt Cour de cassation, le gouvernement recevra d'elle l'impulsion, et reviendra recevoir, dans son sein, l'approbation des actes de ses fonctionnaires. Les décrets et les ordonnances royales ; les arrêtés des anciens directoires de département et des administrations centrales, des conseils de préfecture, des préfets ; les décisions des ministres, des gouvernemens intermédiaires, de l'ancien Conseil d'Etat; les contestations pour tous les marchés; les décisions du conseil royal de l'université; les arrêtés de commissions spéciales, des conseils privés des Colonies; les différends entre la Banque de France et son conseil général, ses agens ou employés; tout le contentieux, en un mot, c'est-à-dire toute l'administration, à l'exception contestée des recours contre les arrêts de la Cour des comptes, des conflits et de quelques autres matières mixtes, réservées à l'assemblée générale du Conseil d'Etat, tout, le passé comme le présent, ressortira de la section du contentieux, et appartiendra à son domaine souverain. En présence de cet autre tribunal de Venise, le gouvernement sera désintéressé, surtout désarmé. Contre le gouvernement toutes les méfiances; pour les intérêts privés, toutes les garanties. Neuf personnes auront toutes les qualités du juge, parce qu'on s'efforce de les rendre, parce qu'elles se rendront complètement indépendantes du pouvoir. Dans le projet de la commission de 1837, le service ordinaire, en assemblée générale présidée par le Garde-des-sceaux, conservait les plus importantes de ses attributions; le gouvernement n'était pas entièrement déplacé. La section de justice administrative ne prononçait en dernier ressort que sur quelques affaires contentieuses; c'est-à-dire, selon M. Vatout, sur les affaires où les intérêts politiques ne sont pas engagés, et où les intérêts particuliers reçoivent plus spécialement des lois écrites le caractère d'un droit. Les membres de cette section étaient annuellement désignés par le Roi, ainsi que le Conseiller d'Etat commissaire du Roi, investi de grands pouvoirs : à l'aide de cette garantie et du roulement annuel, continue le rapporteur, nous laissons au pouvoir une juste influence, et nous faisons tomber ces alarmes qu'exciterait l'inamovibilité, donnée à un corps appelé quelquefois à juger les actes de l'administration. La commission de 1840, en puisant ses idées dans les idées de celle de 1837, l'a laissée loin derrière elle. La section du contentieux a reçu à peu près toutes les attributions du Conseil d'Etat; elle prononce en dernier ressort, même sur les prises maritimes, où les intérêts politiques sont le plus engagés; ses membres sont entourés de garanties telles qu'il ne leur manque que le titre d'inamovibles: quelle juste influence laissée au pouvoir trouverait là la commission de 1837, quelle sécurité contre un corps appelé sans cesse à juger les actes de toute nature de l'administration? La commission de 1840 a fait un grand pas, un grand progrès, car elle a déchiré un pan entier du manteau constitutionnel. Elle a oublié la maxime d'un publiciste, qui fait autorité lorsqu'il s'agit du Conseil d'Etat: ceux qui aiment le plus la liberté sérieuse et développée, sont ceux qui aiment le plus aussi un pouvoir régulier et fort (1).

VOIX POUR L'ARRÊT.

ART. 29. — Les arrêts de la section du contentieux ne pourront être rendus par moins de sept membres ayant voix délibérative. Ces arrêts seront transcrits sur un registre, et mentionneront, tant sur la minute que sur les expéditions, qui en seront délivrées, les noms des membres qui y ont pris part avec voix délibérative, et celui de l'organe du ministère public.

Partout, dans les dispositions essentielles comme dans les dispositions réglementaires, l'esprit judiciaire, qui a seul inspiré le travail de la commission, laisse ses traces évidentes. Les arrêts de la section du contentieux ne pourront être rendus par moins de sept membres, parce que les arrêts des Cours royales exigent ce nombre de magistrats. Ainsi toute l'administration, toute l'action du gouverne-

(1) M. de Cormenin, Questions de droit administif, p. 26.

ment, sa politique même seront jugées par l'analogie du jugement des procès. On n'a pas même porté ses regards, par-dessus les Cours royales, jusqu'à la Cour de cassation. Celle-ci ne juge que les jugemens, et c'est en procès qu'est disséquée l'administration. Les questions qui intéressent l'Etat sont les intérêts du pouvoir : n'est-il pas d'une grande habileté gouvernementale de les réduire au droit commun?

REMPLACEMENT DES MEMBRES ABSENS.

Art. 30. — Tout arrêt sera rendu à la majorité des suffrages. En cas de partage, l'affaire sera rapportée et plaidée de nouveau devant les mêmes juges, et trois Conseillers départiteurs, pris d'abord parmi ceux de la section du contentieux, qui n'auront pas assisté au premier débat, et, en cas d'insuffisance, dans la section administrative, selon l'ordre d'ancienneté.

Lorsque, par suite de maladie ou de tout autre empêchement la section du contentieux se trouvera réduite à moins de sept membres, ayant voix délibérative, elle sera complétée par des Conseillers d'Etat pris également, selon l'ordre d'ancienneté, dans la section administrative.

Art. 31. — Les parens ou alliés, jusqu'au degré d'oncle ou de neveu, inclusivement, ne pourront faire simultanément partie de la section du contentieux, soit comme Conseillers d'Etat ou maîtres des requêtes, soit comme organes du ministère public.

En cas d'alliance survenue depuis la nomination, celui qui l'aura contractée passera à la section administrative, et sera remplacé par un membre de cette section.

Le principe qui domine dans tout le projet de loi, c'est évidemment la garantie qui résulte, pour la partie adverse du gouvernement, de l'espèce d'inamovibilité dont sont investis les membres de la section du contentieux. Cette inamovibilité, en l'absence de laquelle nous comprenons cependant des juges intègres et consciencieux, est la garantie absolue, pour certaines personnes, de l'indépendance des jugemens. Aussi la commission de 1840 nous semble se mal tirer de l'embarras de compléter le nombre des Conseillers d'Etat, lorsqu'il ne sera pas suffisant, par suite de maladie, récusation ou tout autre empêchement. Son principe, c'est l'inamovibilité du juge, réduite, pour la section du contentieux, à la garantie du titre et du tiers du traitement pour la vie. En prenant dans la section administrative les Conseillers départiteurs, ou ils seront immédiatement touchés par la grâce de la même garantie, ou ils ne seront pas assez indépendans, et ne jugeront que comme s'ils donnaient un avis administratif. Si, comme cela serait conséquent, ils deviennent quasi inamovibles, ce caractère sera-t-il indélébile, et rapporteront-ils, dans la section administrative, une émancipation exceptionnelle et enviée ? Ou bien hier étaient-ils invulnérables, et paieront-ils demain l'illusion imprudente de leur liberté d'un jour ?

Ce cas mériterait d'être éclairci : celui d'une parenté accidentelle l'a bien été. Les plaideurs sont soumis, devant les Cours royales, aux votes de famille, lorsque le Roi use de son pouvoir d'accorder une dispense(1). Au Conseil d'Etat, le Roi n'aura pas ce pouvoir. Dans le projet de loi ministériel, le président du Conseil d'Etat était formellement armé du droit de police de l'audience : la commission le passe sous silence, et le remplace par une sorte de droit de police matrimoniale, qui n'est pas compris dans l'article 88 du code de procédure civile. La commission de 1834 n'était pas parvenue à ce degré de prévoyance et de régularité.

### RECOURS CONTRE LES ARRÊTS DE LA SECTION DU CONTENTIEUX.

**Art. 32.**— Les maîtres des requêtes ont voix délibérative dans les affaires dont ils font le rapport, et voix consultative dans toutes les autres.

Les auditeurs ont voix consultative dans les affaires dont le rapport leur est confié.

(1) Art. 63 de la loi du 20 avril 1810.

Le rapporteur, dans chaque affaire, est désigné par le président de la section du contentieux, qui signe aussi les ordonnances de soit-communiqué, s'il y a lieu.

Art. 33. — Le rapport, les observations orales des avocats des parties, les conclusions du ministère public et la prononciation de l'arrêt doivent avoir lieu en séance publique. L'arrêt doit en faire mention. La délibération seule est secrète.

Art. 34. — Tout arrêt de la section du contentieux sera motivé.

Art. 35. — A toute époque de l'instruction, le ministère public peut demander communication des pièces, et faire telles réquisitions qu'il juge convenables.

Art. 36. — Les arrêts de la section du contentieux peuvent être déférés à l'assemblée générale du Conseil d'Etat, mais seulement pour incompétence, excès de pouvoir, omissions des formes ci-après déterminées et violation expresse de la loi.

Ce recours n'appartient qu'à l'Etat. Il est suspensif. Il doit, à peine de déchéance, être déposé au secrétariat général dans le délai d'un mois, à compter du jour de la prononciation de l'arrêt, et contenir l'indication des moyens sur lesquels il est fondé. Dans le mois qui suit le dépôt de recours, les parties intéressées peuvent en prendre communication et intervenir pour la défense de leurs droits.

ART. 37. — Le recours en annulation pour omission des formes, n'est ouvert que dans les cas suivans : 1° si l'arrêt n'a pas été rendu par le nombre de juges que prescrit la loi; 2° si l'arrêt n'est pas motivé; 3° si le ministère public n'a pas été entendu ; 4° si l'affaire n'a pas été jugée en séance publique, sauf le cas où la section du contentieux a jugé la publicité contraire à l'ordre et aux bonnes mœurs.

La juridiction souveraine de la section du contentieux commence seulement ici à être tempérée. A toute époque de l'instruction, le ministère public peut faire telles réquisitions qu'il juge convenables. Cette clause restrictive nous semble un peu sybillique. La commission de 1837, à laquelle a été empruntée une partie de cette organisation nouvelle du Conseil d'Etat, s'exprimait en termes beaucoup plus explicites : « Le commissaire du Roi « peut requérir de surseoir à toute affaire, qui « lui paraîtrait en dehors des attributions « conférées à la section de justice adminis- « trative et en demander d'office l'évocation

« devant l'autorité compétente; l'évocation « dessaisit, de plein droit, là section, qui « ne peut passer outre, sous peine de nul- « lité. » Cela est précis. Le commissaire est l'homme, le représentant du gouvernement; il peut dessaisir la section : c'est la reconnaissance des droits du pouvoir, des droits mêmes de ses adversaires, puisque le ministère public sera aussi l'homme de la justice et de l'impartialité. Si je comprenais une juridiction directe, alors même qu'elle serait renfermée dans les limites où l'a circonscrite la commission de 1837, alors même qu'elle n'aurait à juger, comme dans ses amendemens, que les affaires les moins importantes, celles qu'à la rigueur on pourrait enlever au Conseil d'Etat aussi bien qu'on peut les lui laisser sans inconvénient, si je comprenais une telle juridiction pour de telles affaires, j'adopterais les attributions du commissaire du Roi, les regardant comme également bonnes dans l'intérêt de l'Etat et dans le droit des citoyens. J'y verrais peut-être, comme M. Vatout, la protestation la plus énergique contre toute idée d'avoir voulu une création qui paralyserait le pouvoir exécutif. Toutes les fois que le commissaire du Roi reconnaîtrait que la section de justice administrative outre-passe ses pouvoirs ou s'écarte des attributions qui lui sont déférées; toutes les fois même que cette section entamerait une affaire dans laquelle l'intérêt de l'Etat pourrait être compromis à un haut degré, le commissaire serait en droit de faire surseoir ou d'évoquer l'affaire devant l'autorité compétente, soit un tribunal, soit un ministre, soit le Conseil d'Etat jugeant différemment : on sent, dans ces derniers cas, combien la responsabilité ministérielle serait agrandie. Grâce à ces précautions, dit le rapporteur, il n'est pas à craindre que la section de justice administrative fasse invasion dans l'administration générale et porte préjudice aux grands intérêts de l'Etat.

Il est donc à craindre qu'elle fasse cette invasion, et qu'elle porte ce préjudice, si ces garanties n'ont pas été données. Remarquez que lorsqu'on les exigeait en 1837, il s'agissait de la section de justice administrative, qui ne jugeait ni les réclamations pour incompétence ou excès de pouvoir, ni la validité des prises maritimes, ni les appels comme d'abus, ni les oppositions contre des ordonnances royales, ni les réclamations en matière d'élections, ni les contestations relatives aux biens nationaux, ni les marchés en cours d'exécution, réservés à l'assemblée générale du service ordinaire, tandis qu'ils appartiennent tous au domaine souverain de la section du contentieux. Ici, pour ce qui est du ministère public, il peut demander communication des pièces, et faire telles réquisitions qu'il juge convenables. Mais lui donner le droit de demander communication des pièces, c'est lui reconnaître le premier devoir de ses fonctions. Un ministère public qui n'aurait pas communication des pièces ? c'est une vigie qui serait aveugle. Les réquisitions qu'il juge convenables, que deviendraient-elles, si le tribunal ne juge pas convenable d'y obtempérer. S'il refuse d'y faire droit, qu'arrivera-t-il ? Tout-à-l'heure, l'arrêt était nul de plein droit, si la section de justice administrative persistait à juger : la section du contentieux passera-t-elle outre ? D'après l'article 36, ses arrêts ne peuvent être déférés à l'assemblée générale du Conseil d'Etat, que pour incompétence, excès de pouvoir, omission des formes et violation expresse de la loi. C'est la souveraineté la plus absolue. Elle aura souvent à juger de ces affaires, dans lesquelles l'intérêt de l'Etat pourrait être compromis à un haut degré, n'importe ; l'Etat subira le jugement, si la procédure est régulière : ses plus hauts intérêts ne pèsent pas plus que le dernier intérêt privé. La paix d'une paroisse est au prix d'une déclaration d'abus, et l'abus est évident ; l'éloquence de l'avocat emporte, malgré les faits, un jugement qui la refuse, et le sang coule parmi la population exaspérée : la section du contentieux n'a omis aucune forme, violé aucune loi, c'est au gouvernement à s'en tirer comme il pourra ! Et les prises maritimes, et les ordonnances du Roi déclarées non applicables, et l'Etat tout entier et chaque jour compromis ?

Le droit de déférer à l'assemblée générale du Conseil d'Etat, dans ces cas, les arrêts de la section du contentieux montre, dit la commission, par quel sentiment de sollicitude pour les prérogatives du pouvoir, elle avait été amenée à proposer ce recours, qu'elle a dû réserver à l'Etat seul, parce que c'est la tutelle de ses intérêts qui en a inspiré la pensée, non celle des droits privés qui ne doivent pas chercher leur protection ailleurs que dans l'institution de la juridiction propre, déléguée à la section du contentieux. Ceci est plus impératif que concluant. Les droits privés doivent chercher leur protection dans la loi tout entière, et ils doivent repousser la mesure incomplète, qui, en reconnaissant leur droit à n'être jugés que par un tribunal, vient scinder arbitrairement les garanties de cette juridiction. Le droit de recours et de cassation est un droit essentiel; pourquoi ne l'accorder qu'à l'Etat? Votre commission, dit le rapporteur, n'a pas dû céder non plus à un faux semblant d'égalité, en autorisant un recours stérile pour les parties, et uniquement propre à faire dégénérer en une voie habituelle de recours, une garantie extraordinaire qu'une haute nécessité politique a fait établir en faveur de l'Etat. Ce faux semblant d'égalité n'est pourtant que le résultat de l'égalité parfaite que la commission établit entre l'Etat et les parties; si une haute nécessité politique les sépare pour le recours, pourquoi ne les séparerait-elle pas aussi en première instance? S'il y a une nécessité politique sur la forme, comment concevoir qu'elle n'y était pas sur le fond? Une haute nécessité politique vous fait accorder à l'Etat une garantie extraordinaire, qui consiste dans la violation du droit commun, que vous avez proclamé seul applicable : des nécessités reconnues par tous les gouvernemens, par toutes les assemblées, des nécessités politiques constatées par la Convention elle-même, ne vous font pas accorder à l'Etat la seule garantie si long-temps jugée applicable et nécessaire à ses plus grands intérêts? En établissant contre lui la juridiction directe, vous déclarez qu'il est soumis au droit commun; puis vous l'en exceptez par convenance politique : il valait mieux avouer d'abord que cette convenance dominait tous ses intérêts et les juridictions qui les apprécieront. Si le recours des parties est stérile, il n'en est pas moins leur droit légal ; s'il est propre à dégénérer en voie habituelle, c'est encore le droit des parties que d'épuiser toutes les phases de leurs procès. Le droit, ici, par considération politique, cède donc à l'intérêt de l'Etat. C'est ce que l'on soutient pour repousser la juridiction directe ; c'est ce que l'on n'osa pas nier absolument en la créant, car il faudrait alors que la section du contentieux ne fût simplement qu'une chambre de plus aux Cours royales.

La commission assimile la section du contentieux à la Cour des comptes, dont le gouvernement défère les arrêts au Conseil d'Etat. Mais les particuliers jouissent du même droit ; il y a là réciprocité. Quant à la section du contentieux, le gouvernement peut seul se prévaloir du droit de recours, et l'assemblée générale du Conseil d'Etat sera libre de statuer sur le fond, c'est-à-dire qu'une ordonnance royale remplacera un arrêt, c'est-à-dire que la justice administrative réformera la justice déléguée : ce sera le Conseil d'Etat d'aujourd'hui, plus la complication des formes et la durée du procès, qui n'ont pas lieu dans sa manière actuelle de procéder ! Lorsqu'on songe aux lenteurs et aux frais énormes de la justice ordinaire, on ne peut s'empêcher de regretter qu'elle n'ait pas imité la simplicité des formes et le bon marché de la justice du Conseil d'Etat; sous ce rapport, la procédure administrative est de beaucoup en avant de la procédure civile; et depuis que l'on a introduit la publicité des audiences et la plaidoirie, la juridiction du Conseil d'Etat offre, moins l'inamovibilité, les mêmes garanties que les tribunaux (1). Une fois l'affaire soumise à l'assemblée générale du Conseil

(1) M. de Cormenin, Question de droit administratif, p. 65. — On sait son opinion sur l'inamovibilité.

d'Etat, disparaissent toutes les garanties invoquées pour les droits privés, qui se trouvent exposés à l'avis du service ordinaire et du service extraordinaire et au jugement des ministres. En vain ces droits seront-ils soutenus par les membres de la section du contentieux, confondus parmi tous les Conseillers d'Etat, et défendant le bien jugé de leur arrêt avec toute l'autorité de leur position et de leur caractère. Il faut reconnaître que ce dernier jugement, sans appel cette fois, ne sera ni arbitraire, ni injuste et supposer qu'il ne l'aurait pas plus été, si les mêmes personnes l'avaient rendu primitivement.

Lorsqu'on s'est engagé dans la voie des exceptions arbitraires, il est difficile à la raison de poser des limites. Pourquoi là plutôt qu'ici ? L'Etat a donc seul le droit de se pourvoir ; l'exercice de ce recours, circonscrit à un mois, est restreint à certains cas : mais pourquoi aucune autre irrégularité de formes, même substantielles, ne peut-elle l'autoriser? N'en existe-t-il aucune autre dont l'omission puisse être préjudiciable? N'est-il pas contre la loi commune, contre les garanties ordinaires, de priver ainsi les plaideurs d'une partie de leurs droits, de raccourcir la justice? L'Etat n'est-il pas privilégié, alors qu'on pose le nouveau principe qu'il ne doit pas l'être? Ces exceptions arbitraires en provoqueront d'autres. Ainsi le recours, aux mains de l'Etat seul, ne sera pas même notifié aux parties intéressées : la commission a été, dit-elle, frappée des retards qui pourraient en résulter, surtout quand les parties sont domiciliées hors de la France. Mais la Cour de cassation n'est pas ambulante, ainsi que le demandaient un grand nombre de membres de l'Assemblée constituante; et la Cour de cassation ne juge pas au fond, comme le ferait le Conseil d'Etat. Le besoin d'intervenir en cassation est donc moins pressant qu'en Conseil d'Etat, et cependant on n'est pas exclu de ce droit parce qu'on est domicilié hors de la France. La commission n'a vu dans l'exercice du droit réservé au gouvernement qu'une continuation de l'instance primitive; partant de cette idée, elle a pensé qu'on satisfaisait aux droits de la défense, en accordant aux parties intéressées un délai d'un mois, à dater du dépôt du recours, pour prendre communication des moyens sur lesquels il est fondé, et intervenir, si elles le jugent convenable. La commission n'a vu que ce qui a lieu dans tous les procès; les moyens de cassation sont une chance éventuelle, mais dont il n'appartient à personne de préjuger la conséquence; cette chance éventuelle appartient aux parties, et ce n'est pas les satisfaire que de leur accorder un mois. Pour les satisfaire, il faut ne rien leur enlever des dispositions de la loi. Qui a le droit de les échanger contre le délai arbitraire d'un mois? Si les parties ont eu un avocat, il sera nécessairement appelé à continuer son ministère en cas de recours, dit encore la commission; ou bien les parties n'auront pas fait choix d'un défenseur devant la section du contentieux, et l'on est autorisé à en conclure qu'elles n'entendent pas non plus se faire représenter devant l'assemblée générale : la notification n'est donc pas nécessaire. Mais en fait de droits et de lois, on ne suppose pas, on ne prête pas des intentions. Si les parties n'ont pas voulu intervenir devant la section du contentieux, qu'est-ce qui prouve qu'elles ne se réservent pas pour le Conseil d'Etat? Si les parties croient qu'une affaire est de telle nature que l'Etat se pourvoira et qu'elles attendent ce recours pour *intervenir*, pourquoi les en empêcher? Mais cette croyance seule n'est-elle pas un droit? Pourquoi enlever, par une hypothèse, une garantie à un droit privé? Là est l'arbitraire, et l'arbitraire non motivé.

L'établissement de la juridiction directe au sein du Conseil d'Etat n'est donc une garantie pour les citoyens qu'aux dépens d'une portion de leurs droits; elle est, pour l'Etat, l'anéantissement de tous les siens; pour les libertés publiques, une entrave ou une menace. C'est qu'il est des principes auxquels des lois même ne pourraient attenter, sans produire le désordre; c'est qu'il est, pour le pouvoir, des intérêts encore plus grands que la justice civile; c'est qu'il est des questions de gouvernement qu'on ne résout pas en leur appliquant les maximes ordinaires; la politique n'a de règle que le bien de tous : elle n'est elle-même que cette règle.

LA SECTION DU CONTENTIEUX TRANSFORMÉE EN SIMPLE COMITÉ.

ART. 38. — La section du contentieux peut aussi être appelée à donner son avis sur les projets de loi et sur les réglemens d'administration publique

que le gouvernement croit devoir lui soumettre, et à préparer, s'il y a lieu, le rapport de ces projets à l'assemblée générale du Conseil d'Etat.

Voilà une seconde forme sous laquelle la section du contentieux est appelée à payer à l'administration le tribut de ses lumières. De souveraine, elle se transsubstantie en consultative. Mais elle est consultative avec l'arrière pensée qu'elle saura bien faire prévaloir son opinion, toutes les fois qu'elle jugera, dans le sanctuaire de sa juridiction directe, les affaires qui naîtront de la loi qu'on propose contre son avis. Ce sera donc un élément d'une gravité inaccoutumée, dans les délibérations du Conseil d'Etat, que le dissentiment de la section du contentieux, disposée à en appeler à elle-même. Je ne fais qu'indiquer cette considération, dont les conséquences me semblent graves, plus graves encore que l'inconvénient de réduire au rôle de rapporteurs devant des Conseillers d'Etat très amovibles, des Conseillers d'Etat quasi inamovibles et juges souverains. Comprend-t-on ce triple mélange d'hommes investis d'attributions si différentes, et décidant la même affaire, avec la même liberté d'esprit et de discussion, avec la même indépendance, avec les mêmes garanties, les uns fonctionnaires publics et passagèrement initiés au Conseil d'Etat, ceux-ci Conseillers irrévocables, ceux-là...? je ne sais comment les qualifier, puisqu'ils ne sont pas assurés contre le vote de leur conscience, par l'investiture viagère de leur titre et du tiers de leurs appointemens.

---

## CHAPITRE VI.

### SECTION III.

#### De l'assemblée générale du Conseil d'Etat.

ART. 39. — Le Conseil d'Etat, en assemblée générale, est appelé à donner son avis sur les projets de loi, sur les réglemens d'administration publique, que le gouvernement jugera convenable de soumettre à l'assemblée générale.

ART. 40. — L'assemblée générale est aussi appelée à délibérer : 1° sur les conflits ; 2° sur les demandes en autorisation de poursuivre les agens du gouvernement ; 3° sur les appels comme d'abus qui lui sont déférés d'office par le gouvernement ; 4° sur les recours en cassation contre les arrêts de la Cour des comptes; 5° sur le recours ouvert par l'art. 36 de la présente loi contre les arrêts de la section du contentieux.

Le Conseil d'Etat en assemblée générale a perdu son véritable caractère; il n'est plus le Conseil obligé du gouvernement. C'est la section administrative qui est NÉCESSAIREMENT appelée à donner son avis sur les matières que le gouvernement ne peut se dispenser de soumettre à l'examen du Conseil d'Etat, quoiqu'il conserve la liberté de rejeter ou d'approuver cet avis : l'assemblée générale n'aura à donner le sien que sur les projets de loi, de réglemens d'administration publique ou d'ordonnances, que le gouvernement jugera convenable de lui soumettre. Mais ou la section administrative, même la section du contentieux en aura été saisie, et alors il y aura un double examen, ce qui n'est ni obligatoire ni nécessaire au bien du service; ou l'examen en sera directement déféré à l'assemblée générale, et l'article 19, d'impératif qu'il était, deviendra facultatif, de manière que le gouvernement serait libre de renvoyer ces sortes d'affaires, soit à la section administrative, soit au Conseil d'Etat. Qu'est-ce qui déterminera son choix, où sera sa véritable responsabilité? Un plus grand inconvénient résulte de cette obligation facultative de ne consulter que rarement l'assemblée générale. Elle n'aura plus cet esprit de suite, dû à de fréquentes discussions; elle ne consolidera pas de plus en plus cette jurisprudence, si utilement formée par ses nombreux avis; elle s'associera plus difficilement à l'esprit et aux vues du gouvernement, puisqu'elle ne participera que de loin en loin à ses actes. L'expérience sera partagée entre la section administrative et le Conseil d'Etat, disséminée entre ce grand corps et ses parties. Ici quelques grandes affaires; là, toutes les autres : l'ensemble et l'unité de l'administration, nulle part. Du reste la commission ne veut pas multiplier les réunions de l'assemblée générale, qui, dit-elle, peut-être appelée à délibérer dans toutes les matières administratives pour lesquelles la loi exige l'intervention du Conseil d'Etat, ce qui veut dire que la section administrative n'est pas NÉCESSAIREMENT investie de ce droit : ainsi le Conseil d'Etat est la contradiction de la section administrative. Celle-ci ne sera donc qu'un comité agrandi, qu'un second degré d'examen, qu'un rouage inutile, ou le Conseil d'Etat sera annihilé.

« A cette occasion, nous ne pouvons pas « taire que nous avons reconnu avec quel« qu'étonnement qu'il fallait ranger le pro« jet de loi actuel dans le trop grand nombre « de ceux pour lesquels on n'a pas consulté « le Conseil d'Etat. Sans doute plusieurs des « membres du Conseil auront participé à la « préparation de ce projet : mais comment

« n'a-t-on pas pensé que l'utilité, si souvent « constatée par l'expérience, de la coopéra- « tion du Conseil entier à la confection des « lois, ne pouvait jamais être plus grande que « lorsqu'il s'agissait de ce qui fait l'objet des « études et des occupations journalières des « hautes capacités qui le composent. Espérons « que dans l'intervalle qui s'écoulera entre les « deux sessions, le gouvernement, mettant à « profit notre observation, s'éclairera de l'avis « du Conseil d'Etat sur la loi qui doit être le « code constitutif de ce corps. Nous ne dou- « tons pas que, dans un sujet qui les touche « de si près, ses membres actuels ne fassent « revivre le temps de ces discussions mémo- « rables, dans lesquelles ont été préparés nos « codes, et dont nous lisons l'analyse avec « tant d'admiration et de fruit. »

Ces paroles, nous ne les avons pas dites, mais nous les faisons nôtres; ces regrets, si bien exprimés, en 1835, par l'honorable M.

Laplagne, nous les partageons en 1840 ; cette espérance, notre attention si souvent admiratrice, la confirme. Oui, la loi sur le Conseil d'Etat ne sera bonne qu'après avoir subi l'épreuve du Conseil d'Etat. C'est là que sont réunis, et les talens, et les lumières, et l'impartialité : l'esprit politique y est mêlé avec l'esprit des affaires, les magistrats avec les administrateurs. On n'y verra, dans la discussion, ni passions, ni partis cherchant à se dominer. Cet avantage si précieux est peut-être cause que peu de projets ministériels ont été exposés à son examen. Les ministres, en effet, sont trop instables pour ne pas faire des concessions à la majorité qui les soutient, au lieu de ne songer qu'aux intérêts généraux, en proposant leurs lois. Ils évitent donc un corps qui n'accepterait pas ces considérations parlementaires. S'il en était autrement, on verrait moins de projets manquer de cette maturité nécessaire pour arriver à la discussion publique ; ils s'y présenteraient plus souvent libres de ces imperfections, qui provoquent tant d'amendemens, dont l'effet le plus commun est de leur enlever cet ensemble, cette harmonie qui font les bonnes lois (1). Ce serait une satisfaction donnée à des vœux souvent exprimés, et un retour à un ordre dont la désuétude a été généralement considérée comme un grave préjudice (2).

### CONFLITS.

Nous disions que le Conseil d'Etat, réuni en assemblée générale, est la contradiction de la section administrative ; il est dans une position non moins équivoque vis-à-vis la section du contentieux. Celle-ci a été investie d'attributions éminemment administratives, les prises maritimes et les appels comme d'a-

(1) M. Vatout, rapport de 1837, p. 37.

(2) M. Teste, garde-des-sceaux, exposé des motifs.

bus, par exemple : le Conseil d'Etat le sera d'attributions contentieuses. Il juge d'abord les conflits, c'est-à-dire la compétence des deux justices. Qu'est-ce qui est plus contentieux que cette attribution? Si ce n'était transporter l'administration dans les tribunaux; si ce n'était reconnaître au corps judiciaire une suprématie, qui n'est pas en lui, ne serait-il pas naturel que les conflits fussent jugés par la Cour de cassation? La question n'est-elle pas éminemment judiciaire? En 1834, une discussion eut lieu à ce sujet dans la Chambre des Pairs : MM. le comte Molé, Villemain, Girod (de l'Ain), Barthe, Decazes, Portalis, Bérenger y prirent part, et aucun d'eux n'eut l'idée de réclamer une pareille attribution pour le Conseil d'Etat jugeant administrativement. Les conflits, laissés, sans observations, parmi les affaires contentieuses, y furent également maintenus dans le projet de loi de 1837. La commission, qui dénatura ce projet en y introduisant la juridiction directe, pensa que les droits et la responsabilité du pouvoir exécutif se trouvent trop profondément engagés dans certaines affaires, pour ne pas les soumettre à un corps délibérant plus fixe, plus régulier, moins soumis à la mobilité et à l'instabilité de majorité que peut introduire dans les délibérations du Conseil d'Etat le service extraordinaire, dont les membres peuvent aujourd'hui prendre part aux délibérations et demain ne pas y assister : qu'il a paru juste de ne les soumettre qu'au service ordinaire, c'est-à-dire à la partie du Conseil investie de fonctions plus sérieuses, plus positives, plus traditionnelles, et destinée à fournir les élémens de la section administrative, qu'elle investissait du droit de rendre des arrêts (1). Et la commission place les conflits au premier rang des attributions

(1) Rapport de M. Vatout, p. 37 et 38.

du service ordinaire. La décision, en matière de conflit, dit l'exposé des motifs du projet de 1840, est préparée par la délibération du Conseil d'Etat ; les conflits sont à la tête des articles contentieux. Ainsi le pouvoir et les Chambres ont eu un avis unanime sur la nature de ces affaires. La commission de 1840 ne l'a point partagé. « Elle n'a pas hésité, dit « le rapporteur, à réserver le jugement des « conflits à la couronne, qui prononcera sur « l'avis de l'assemblée générale du Conseil « d'Etat et sous la responsabilité ministérielle. « C'est au Roi, de qui toute justice émane, « qu'appartient le réglement des compé- « tences. Cette haute prérogative n'a jamais « été déléguée. Elle ne pourrait l'être qu'à « un grand corps politique dominant tout à « la fois le pouvoir administratif et le pou- « voir judiciaire, sans appartenir ni à l'un ni « à l'autre; et ce corps n'existe pas dans notre « forme de gouvernement, avec laquelle

« d'ailleurs il serait difficilement compatible.
« Cette dernière considération suffirait à elle
« seule pour faire rejeter l'idée de créer un
« corps mi-parti de magistrats et d'adminis-
« trateurs, pour prononcer sur les conflits,
« s'il était toutes fois possible de se promettre
« quelques résultats d'une semblable institu-
« tion, où les deux élémens ne pourraient
« être en force égale sans se neutraliser, et
« où l'un deux ne saurait être prépondérant,
« sans absorber l'autre. Au reste, la sagesse
« des dispositions que renferme l'ordonnance
« du 1er juin 1828, a fait taire la plupart des
« réclamations qu'avait soulevées cette ma-
« tière; et les conflits perdront une grande
« partie de l'importance qui leur reste par
« la constitution, au sein du Conseil d'Etat,
« d'une juridiction propre, qui offrira aux
« citoyens les garanties qu'ils trouvent dans
« les tribunaux. »

La commission n'a pas dû s'attendre, en

établissant une juridiction directe, qu'elle n'apporterait point la perturbation dans l'exercice de la justice administrative, jusqu'ici complètement réservée à l'autorité royale. C'était pour elle une conséquence inévitable des faits ; c'est pour nous la conséquence nécessaire d'un faux principe. La juridiction directe, il faut le dire, c'est le dépouillement progressif de l'autorité royale. Une fois commencé, il est difficile de déterminer dans quelles limites se renfermera ce dépouillement, à quelles prérogatives il s'attaquera d'abord, à quelles il s'arrêtera. Le choix pour les premières n'a pas été heureux ; il l'est encore moins pour les secondes. La commission s'y égare. Elle a attribué à la section du contentieux le jugement souverain des questions de compétence, qui s'élèvent entre les autorités administratives en matière contentieuse (1).

(1) Art. 28, § 1er.

Mais n'est-ce pas un conflit? Si l'on distingue un conflit de juridiction, un conflit d'attributions, un conflit d'autorités, la question de compétence administrative n'est-elle pas un conflit d'attributions? C'est donc un tribunal qui juge les conflits de l'administration, et ce sera l'administration qui jugera les conflits où sera engagée l'autorité judiciaire (1)? C'est au Roi, dit la commission, au Roi de qui toute justice émane, qu'appartient le réglement des compétences; cette haute prérogative n'a jamais été déléguée. Cela est vrai. Mais la justice administrative n'a jamais été non plus déléguée, et elle le serait par la volonté de la commission; mais la section, devenue souveraine, jugerait cer-

(1) Quant aux questions de compétence qui peuvent s'élever entre un préfet et un conseil de préfecture, ou entre deux conseils de préfectures, ou entre deux départemens ministériels, le Roi, en son Conseil d'Etat ordinaire, fera un réglement de juges. (M. Vatout, rapport, p. 39.)

taines compétences; pourquoi reculer devant les conséquences d'un principe reconnu si gouvernemental? On fait que le Roi délègue à un tribunal quasi inamovible le droit de juger l'administration, c'est-à-dire d'administrer : qu'il lui délègue le jugement des compétences administratives, dernier degré, complément de l'action de l'administration. Le dépouillement était moins flagrant en attribuant, au contraire, à la section du contentieux, le jugement des autres conflits. Là, du moins, le nouveau corps souverain aurait trouvé de la résistance, une inamovibilité opposée à son inamovibilité, des volontés indépendantes, une hiérarchie, la puissance persévérante des lumières et du nombre. Sous la Restauration, l'abus des conflits avait été grand, et cela se conçoit : le gouvernement croyait y retrouver le droit suranné des évocations, contre lequel il avait oublié qu'on réclamait vivement, même sous l'ancien régime (1). On se rappelle qu'en 1815, les considérans d'une ordonnance royale avaient consacré ce principe que le conflit ne pouvait être élevé après l'arrêt d'une cour royale. Depuis, on a reculé la limite de l'évocation jusqu'au dernier terme de l'action judiciaire, et il était passé en jurisprudence qu'on pouvait élever le conflit jusqu'à l'arrêt de la Cour de cassation. Encore pourrait-on citer plusieurs exemples d'affaires évoquées même après une décision suprême. Mais si une administration aveugle tendait ainsi à détruire l'autorité de la chose jugée, le pouvoir judiciaire n'en résistait pas moins à des envahissemens aussi dangereux. C'est au magistrat rapporteur du projet de loi sur le Conseil d'Etat de 1834, que fut due l'ordonnance du 1er juin 1828, qui rendait désormais les abus impossibles, et qui, suivant la com-

(1) Accord des principes, etc., par M. Ferrand. Paris, 1789.

mission de 1840, a fait taire la plupart des réclamations qu'avait soulevées cette matière. Aujourd'hui le jugement de ces conflits n'importait pas à la section du contentieux. D'un côté, il n'y a pas d'abus à craindre; de l'autre, rien à envahir : l'administration entière est absorbée, indépendamment de cette attribution qui n'est pas du domaine utile. Aussi est-elle tombée dans le partage de l'autorité royale, sous le vain prétexte qu'elle n'a jamais été déléguée. Elle ne pourrait l'être, continue la commission, qu'à un grand corps politique dominant tout à la fois le pouvoir administratif et le pouvoir judiciaire, sans appartenir ni à l'un ni à l'autre. Ce grand corps politique, il existe, c'est la Royauté. Elle a toujours prononcé sur les conflits, sans les distinguer, parce qu'elle est également élevée au-dessus des pouvoirs qui agissent en son nom : pour tous, la fiction constitutionnelle est la même. L'autorité royale jugeait donc par l'organe de la partie permanente du Conseil d'Etat : c'était sa forme la plus judiciaire, appliquée à ses attributs les plus contentieux. Maintenant qu'elle délègue cette prérogative, il semblerait naturel de considérer comme contentieux ce qui l'a toujours été, de renvoyer au tribunal administratif les matières qui en ressortissent éminemment; et c'est à la variable assemblée générale du service ordinaire et du service extraordinaire, c'est-à-dire à une assemblée sans indépendance et sans garanties, comme on dit, qu'elles sont affectées. C'est l'involontaire démenti des plaintes du passé, sans doute; mais ce n'est point la certitude qu'il n'y en aura pas, dans l'avenir, d'autres plus fondées et plus déplorables.

POURSUITES CONTRE LES AGENS DU GOUVERNEMENT.

2°. L'assemblée générale du Conseil d'Etat est aussi appelée à délibérer sur les demandes en autorisation de poursuivre les agens du gouvernement.

La commission a réservé complètement,

dit-elle, la question constitutionnelle que soulève l'art. 75 de la constitution de l'an VIII. En acceptant donc le principe, sans le juger, elle a dû se borner au soin de rechercher le caractère de la demande en autorisation de poursuivre un agent de l'autorité, afin de déterminer le juge qui doit être appelé à prononcer sur cette demande. Elle a été amenée à conclure que l'examen du Conseil d'Etat devant embrasser des considérations politiques, dont l'influence peut être décisive; que, dans l'état actuel de notre droit public, l'administration étant investie du pouvoir de couvrir de son égide tous les actes des agens secondaires, le gouvernement, en accordant ou refusant cette autorisation, accomplissait un acte de haute administration, pour lequel les citoyens n'ont aujourd'hui d'autre garantie que la responsabilité ministérielle, et que dès-lors il semble évident que la matière est plus administrative encore qu'elle n'est contentieuse.

En approuvant cette conclusion, nous ne pouvons que nous étonner des raisonnemens qui y conduisent la commission, tout en les approuvant aussi. Des considérations politiques, on voulait dire administratives, sont ici suffisantes pour renvoyer, au Conseil d'État administratif, la question de savoir si un douanier, par exemple, sera mis en jugement pour des blessures faites dans l'exercice de ses fonctions, parce que l'administration des douanes tout entière et une branche du budget sont en cause : et l'on n'a pas trouvé de considérations politiques suffisantes pour un renvoi semblable des prises maritimes, litige international, où le pays tout entier peut être engagé? Pour le renvoi semblable des appels comme d'abus, où le repos général est intéressé? Mais où sont donc les véritables considérations politiques, et comment distingue-t-on les plus hautes et les plus importantes? La commission de 1837 était arrivée à des conclusions différentes, parce qu'elle avait logiquement raisonné dans son faux principe. Après avoir expliqué pourquoi elle faisait juger les prises maritimes par le service ordinaire seul, dont la juridiction n'est pas exposée aux variations que peut apporter le service extraordinaire, elle ajoute : les mises en jugement des agens du gouvernement et les appels comme d'abus ont aussi un caractère, politique qui doit leur faire appliquer les mêmes réflexions que ci-dessus, et qui nous a engagés à les placer dans la même catégorie. C'est raisonner et conclure : là, nous constatons l'inconséquence des motifs allégués par la commission de 1840, pour choisir, dans ce cas, la forme administrative.

Quant aux réserves de la commission sur la question constitutionnelle de l'article 75 de la constitution de l'an VIII, nous pensions que c'était encore là une de ces armes des passions politiques, que le calme et la justice, revenus dans les esprits, avaient déposées devant un gouvernement fondé sur les libertés publiques. Lorsqu'on réclamait le droit commun des tribunaux, la marche du gouvernement faisait croire qu'il n'y avait de véritables garanties qu'auprès de l'autorité judiciaire. Mais il ne serait plus raisonnable de regarder l'intervention de cette autorité, comme indispensable, dans tous les cas, pour la sécurité des citoyens (1). La justice administrative ne lui cède en aucune garantie, et elle préserve le gouvernement des dangers que lui ferait courir la juridiction des tribunaux; car, s'ils étaient appelés à statuer sur l'autorisation à donner pour des poursuites contre les fonctionnaires de l'ordre administratif, par cela même ils seraient appelés à prononcer sur des actes administratifs. Et toutes les fois qu'un agent se trouve sous le

(1) M. le baron de Fréville, séance de la Chambre des Pairs du 29 janvier 1834.

coup d'une poursuite, le pouvoir tout entier y est intéressé. Ce principe, d'où dérive celui de l'autorisation préalable des poursuites, n'a pas son origine dans la constitution de l'an VIII. Avant la constitution de l'an VIII, la constitution de 1795; avant la constitution de 1795, celle de 1791; avant la constitution de 1791, des lois de 1790 et 1789, des lois de l'Assemblée constituante, qui n'a pas, jusqu'ici, passé pour vouloir faire une part trop grande à la prérogative royale; des lois de l'Assemblée constituante, dis-je, avaient déclaré qu'aucun agent de l'administration ne pourrait être traduit devant les tribunaux, sans l'autorisation de l'administration elle-même (1).

3°. Sur les appels comme d'abus qui lui sont déférés d'office par le gouvernement.

Nous avons rappelé les considérations po-

(1) M. Vivien, séance du 24 mars 1835.

litiques sur lesquelles on s'était fondé pour faire juger jusqu'ici, par le Conseil d'Etat statuant administrativement, tous les appels comme d'abus, et nous n'avons pas trouvé concluantes celles alléguées par la commission pour excepter les appels particuliers. Ainsi, en approuvant le mode proposé pour les appels comme d'abus, déférés d'office par le gouvernement, nous regrettons que l'assemblée générale du Conseil d'Etat ne continue pas à donner son avis sur tous les autres. Là étaient les véritables garanties, un examen sans passions, une justice sans influence extérieure, une publicité sans dangers : on les retrouvera difficilement peut-être dans la justice, dans l'examen, dans la publicité de la juridiction directe.

ARRÊTS DE LA COUR DES COMPTES.

4°. Sur les recours en cassation contre les arrêts de la Cour des comptes.

La majorité de la commission a reconnu,

dit le rapporteur, que le recours contre les arrêts de la Cour des comptes devait être réservé à l'assemblée générale du Conseil d'Etat, à cause du rang de cette haute juridiction administrative, dont les arrêts semblent ne pouvoir tomber sous la censure d'une seule section du Conseil d'Etat. Jusqu'à cette transposition, les recours pareils étaient déférés au Conseil d'Etat statuant au contentieux. En 1834, en 1835, en 1836, en 1837, en 1840, personne n'a songé à les en distraire. La commission de 1837, celle qui conçut l'idée d'une juridiction directe, n'eût pas celle d'attribuer ces recours à l'assemblée générale du Conseil, investie aussi des appels des arrêts de la section souveraine : elle en laissa investi le service ordinaire. Et cela se comprend : ce n'est pas effectivement une simple raison de haute convenance, comme dit la commission de 1840, c'est un principe. Mais cette commission ne s'est pas contenue dans les limites de son plagiat. En 1837, l'assemblée du service ordinaire conservait les principales attributions du Conseil d'Etat : elle lui sont enlevées en 1840. En 1837, les décisions administratives, rendues en dernier ressort en matière contentieuse, étaient justement assimilées aux arrêts de la Cour des comptes, et comprises dans le même paragraphe de l'article relatif aux fonctions du service ordinaire(1); il en était de même dans le projet de loi de la Chambre des Pairs en 1834; de même dans celui présenté, en 1840, à la Chambre des Députés : le gouvernement et la Chambre des Pairs n'avaient pas trouvé une raison de haute convenance pour donner plus ou moins d'importance à une violation de formes ou de lois par la Cour des comptes, que par une décision ministérielle, par exemple : la Cour de cassation ne connaît pas seulement des arrêts des

(1) Section II, art. 16, § 3.

Cours royales. Aucun rapporteur n'avait entrepris de justifier cette similitude incontestée; elle était naturelle et de droit commun. Toute décision en dernier ressort allait en cassation, devant l'autorité administrative suprême.

Aujourd'hui, dans le système nouveau, la cassation des décisions en dernier ressort a lieu de deux manières différentes, par deux autorités séparées dans le même corps et l'attribution à l'une ou à l'autre n'est fixée par aucune règle, basée sur aucune raison. Ce n'est, en effet, ni une règle ni une raison que le rang de la Cour des comptes : une autre commission viendra qui trouvera la même convenance pour le Conseil royal de l'Université; une autre, pour les ministres. Si les arrêts de la Cour des comptes avaient toujours été maintenus dans les attributions du service ordinaire, c'est précisément à cause de sa composition, invoquée aujourd'hui pour l'en dépouiller. Les membres de cette cour sont, en général, des hommes d'une grande capacité, d'une expérience éprouvée, vieillis dans leurs travaux, offrant aux comptables toute la sécurité d'une impartiale justice, et au gouvernement toutes les garanties de la fidèle exécution des lois. Si donc la Cour des comptes ne tenait pas de son institution une position éminente, elle l'aurait bientôt dûe aux magistrats qui la composent, aussi remarquables par leurs talens que respectables par leur caractère. Mais plus ses arrêts acquièrent d'importance et de gravité par l'importance et par la gravité de ceux qui les rendent, plus ils doivent être examinés avec soin, avec maturité, avec une connaissance approfondie de la matière, des lois et de la jurisprudence : cela est d'autant plus indispensable, que souvent le jugement de cassation est aussi le jugement du fond de l'affaire. C'est pourquoi le service ordinaire seul du

Conseil d'Etat statuait sur ces affaires. La convenance de cette hiérarchie est évidente : celle de substituer au service ordinaire, fixe, uniforme, permanent, le service extraordinaire, variable par sa nature et plus variable encore par les modifications proposées, est incompréhensible.

A Dieu ne plaise que nous ayons la pensée d'incriminer les intentions de la commission de 1840. Mais nous sommes encore obligés de nous arrêter sur la remarque du *départ* entre les affaires soumises à la section du contentieux, et à l'assemblée générale du Conseil d'Etat. Les arrêts de la Cour des comptes ne tiennent pas, en quelque sorte, à l'administration active. Que ces arrêts renferment une violation des formes ou une infraction à la loi, le tribunal, qui les révisera, ne s'immiscera pas, ne pourra point tendre à s'immiscer dans l'administration, ne la dominera jamais. L'envahissement là est impossible, même à la juridiction directe et souveraine. En perdant l'attribution de ces jugemens de sa justice retenue, l'autorité royale ne serait pas exposée à être, un jour, dépouillée d'un de ses pouvoirs. La Cour des comptes ne redouterait pas l'avenir. Indépendante, éclairée et inamovible, elle saurait défendre ses droits, et ne craindrait point qu'ils fussent jamais absorbés. Contre elle, la section du contentieux serait impuissante et désarmée de la tentation même. Elle n'a pas été mise au monde pour ce rôle, nous le craignons. Par toutes ses attributions, elle atteint l'administration active et mobile, par les questions de compétence, par les recours contre les décisions en matière contentieuse, par les appels comme d'abus, par les prises maritimes, par les oppositions à des ordonnances royales, en un mot, par tout ce que le choix de la commission lui a déféré. L'assemblée générale du Conseil d'Etat, au contraire, véritable conseil mobile d'une mobile administration, délibérera sur les conflits et sur les arrêts de la Cour des comptes. Est-ce que l'administration n'est pas morte, pour ainsi dire, en ces matières? Est-ce qu'elles ne sont pas ordinairement réglées par le texte immuable, par la lettre écrite des lois? Là, nulle considération politique; là, rien d'administratif que le principe, et ce n'est point pas à pas que l'on envahit un principe. Il faut une révolution pour pénétrer dans ce fort. L'administration, au contraire, est ouverte de toutes parts. Le pouvoir qui la juge est le pouvoir qui la maîtrise: le pouvoir qui la maîtrise sera le pouvoir qui administre. Et l'on dirait que c'est dans la vue de ce résultat, dans l'attente de ce jour, pour en hâter la désastreuse venue, qu'à la section du contentieux ont été livrées toutes les matières de l'administration active, toutes ses voies, tous ses ressorts, en un mot, toute sa vie; à l'assemblée générale, tout ce qui est ou infranchissable ou inanimé. Pour cet étrange partage, nulle de ces raisons d'Etat devant lesquelles l'expérience s'humilie, ou l'inquiétude disparaît. Quelles raisons pour les prises maritimes? Quelles raisons pour les appels comme d'abus, autres qu'une distinction subtile? Quelles raisons pour les arrêts de la Cour des comptes, si ce n'est la convenance, c'est-à-dire l'arbitraire, ou ce qui tue la véritable liberté? Il en fallait cependant, des raisons fortes et irrécusables. Il en fallait, sous peine d'en laisser chercher, d'en laisser déduire de faits singulièrement explicatifs. S'il y en a, il fallait les dire haut; s'il n'y en a pas, il ne fallait pas innover. Il y a long-temps qu'on l'a proclamé : ne faites pas redire qu'il faut encore classer, et mettre à sa place tout ce qu'on a déplacé mal à propos, tout ce qu'on a confondu par ignorance ou par des motifs moins excusables encore (1).

(1) Thouret, rapporteur du comité judiciaire,

5°. Sur le recours ouvert par l'article 36 de la présente loi contre les arrêts de la section du contentieux.

La seule garantie proposée par la commission contre les usurpations de la section du contentieux, est le recours à l'assemblée générale du Conseil d'Etat, mais seulement pour incompétence, excès de pouvoir, violation expresse de la loi, omission des formes bornée au défaut du nombre prescrit des juges, des motifs de l'arrêt, des explications du ministère public et de la publicité de la séance. Hors de là, les arrêts sont définitifs. Mais cette garantie est-elle bien sérieuse? Il est souvent facile d'appliquer les lois d'une manière toute contraire à leur esprit, sans s'exposer au reproche de les avoir violées, dit M. Laplagne (1). La commission de 1837 avait pris

séance du 22 décembre 1789, de l'Assemblée constituante.

(1) Rapport de 1835, p. 27.

d'autres précautions, et elle n'attribuait à la section souveraine que les affaires où les intérêts politiques ne sont pas engagés, dit-elle, et où les intérêts particuliers reçoivent plus spécialement des lois écrites le caractère d'un droit. Mais nous ne devons pas revenir sur ce sujet.

ART. 41. — Les affaires dont il est parlé en l'article précédent, seront instruites par la section du contentieux. Les parties intéressées pourront intervenir par le ministère des avocats aux conseils, et le ministère public sera entendu ; néanmoins le débat ne sera public que dans les cas prévus par les nos 1, 4 et 5 du précédent article.

En cas de recours en annulation contre un arrêt de la section du contentieux, le rapporteur sera choisi dans la section administrative.

La commission était ici dans l'embarras, et elle n'en est sortie qu'en introduisant un élément nouveau dans les formes de procéder du Conseil d'Etat. L'attribution à l'assemblée générale des conflits et des recours contre les arrêts de la Cour des comptes leur enlevait le bénéfice des plaidoiries et de la publicité des débats, qu'ils n'auraient pas perdu avec un système contentieux autrement organisé. Pour ne pas être moins libérale que le gouvernement, elle a étendu les garanties accordées par l'ordonnance du 2 février 1831 au Conseil d'Etat statuant en matière contentieuse; elle les a étendues à l'assemblée générale du service ordinaire et du service extraordinaire : elle a également ouvert ses portes, lorsqu'il délibérerait sur les recours exercés par le gouvernement contre les arrêts de la section du contentieux. Ainsi le Conseil d'Etat aura aussi sa publicité. Cependant elle ne sera pas absolue, en droit. La commission a pensé, dit le rapporteur, qu'elle ne pouvait être étendue aux appels comme d'abus émis par le gouvernement, ni aux jugemens des demandes en autorisation de poursuivre les agens de l'autorité : ces matières touchent aux questions les plus délicates de l'administration et du gouvernement ; la publicité de débats serait rarement utile et presque toujours dangereuse dans ces sortes d'affaires, où le gouvernement exerce une prérogative qui engage la responsabilité ministérielle.

Mais cette prérogative, qui engage la responsabilité ministérielle, ouvrira une publicité bien plus dangereuse encore, puisque les affaires administratives les plus intimes y seront exposées. En effet, les recours contre les arrêts de la section du contentieux seront discutés publiquement, et le Conseil d'Etat sera obligé de connaître de l'affaire elle-même, puisque l'ordonnance royale qui, sur son avis, annulera un arrêt, pourra statuer sur le fond. La publicité s'établit donc sur les affaires administratives, qui devraient y être le moins sujettes, par une voie détournée. En définitive, si, comme cela est probable, l'assemblée générale n'est que rarement appelée à délibérer sur les matières soumises à la section administrative; à l'exception de celles où il s'agira des demandes de poursuites et des appels comme d'abus, les séances du Conseil d'Etat seront toujours publiques; il ne faudra pas un grand effort pour obtenir la garantie que les portes n'en soient jamais fermées ou que l'institution disparaisse et soit confondue dans la section du contentieux.

Car vous voyez bien que cette assemblée générale n'est qu'une superfétation accordée avec répugnance. On ne pouvait pas passer brusquement de l'état actuel des choses à la juridiction souveraine du Comité des Neuf. Le gouvernement devait conserver l'apparence de ses droits, si long-temps et par tant d'hommes célèbres jugés inaliénables. Il les conserve restreints à quelques vices de formes, et à condition de ne s'en souvenir que discrètement. Il ne faut pas oublier, dit le rapporteur, qu'il s'agit ici d'une voie extraordinaire, qui ne doit pas sortir des limites de la nécessité qui l'a fait établir et peut seule la justifier. Par suite de cette même idée, que le droit dont elle a armé le gouvernement n'est pour lui qu'une garantie politique, dont il doit user avec circonspection et réserve, votre commission a cru sage d'exiger que l'ordonnance portant annulation d'un arrêt de la section du contentieux, visât les dispositions législatives ou réglementaires, en vertu desquelles cette annulation serait prononcée (1). L'explication répond au texte. Dans la jurisprudence actuelle, ces dispositions législatives ou réglementaires sont toujours visées, non-seulement dans les projets d'ordonnances contentieuses, mais encore dans les plus simples avis administratifs. C'est que le Conseil d'Etat n'a nul besoin qu'on lui défende l'arbitraire ou qu'on lui enseigne la justice. En

(1) Page 78.

1837, le rapporteur tenait un autre langage. La commission, disait M. Vatout, a recherché scrupuleusement toutes les matières où l'intérêt de l'Etat et l'action générale de l'administration étaient trop engagés, pour que le gouvernement pût se dessaisir du droit de prononcer lui-même. Soigneux des prérogatives de la couronne, nous ne le sommes pas moins de maintenir à l'administration son indépendance qui fait sa force (1). C'est dans l'esprit, exprimé par ces paroles, qu'avait été conçu le projet amendé de 1837, malgré l'erreur de la juridiction propre. On voit quel est celui qui a inspiré la majorité de la commission de 1840.

Art. **42.**—L'ordonnance royale qui, sur l'avis de l'assemblée générale, annulera un arrêt de la section du contentieux, pourra statuer sur le fond ou renvoyer, soit devant la section du contentieux, soit devant toute autre autorité administrative com-

(1) Page 45.

pétente, qui seront tenues de se conformer, sur le point de droit, à l'ordonnance d'annulation.

Si l'annulation est prononcée pour incompétence absolue de l'autorité administrative, l'affaire sera renvoyée aux tribunaux.

L'arrêt ne sera amendé que dans le chef contraire à la loi et dans ceux qui en sont une dépendance nécessaire. L'ordonnance visera les dispositions législatives ou réglementaires en vertu desquelles l'annulation est prononcée.

Art. **43.** — Le Conseil d'Etat ne peut délibérer, en assemblée générale, si vingt un de ses membres ayant voix délibérative ne sont présens.

L'article 22, le deuxième paragraphe de l'article 23 et les articles 24 et 25 de la présente loi, sont applicables aux délibérations de l'assemblée générale.

Art. **44.** — Les décrets des 11 juin et 22 juillet 1806, les ordonnances royales des 18 janvier 1826 et 1er juin 1828, 2 février et 12 mars 1831, et 18 septembre 1839, et toutes autres lois et ordonnances, concernant le Conseil d'Etat, sont abrogées dans toutes celles de leurs dispositions qui seraient contraires à la présente loi.

---

# CONCLUSION.

Lorsque M. Persil, garde-des-sceaux, présenta à la Chambre des Députés un projet de loi sur l'organisation et sur les formes de procéder seulement du Conseil d'Etat, la commission pensa unanimement, dans sa première réunion, et, après un mûr examen, elle persista à penser qu'il n'y aurait que des inconvéniens à discuter un projet aussi mutilé (1). Mais comme il ne s'agissait pas pour elle d'amender le projet, qu'il s'agissait d'y ajouter le titre entier *des fonctions*, elle craignait que ce ne fût donner trop d'extension peut-être au droit d'amendement. Ses scrupules furent fortifiés par la considération qu'une loi sur le Conseil d'Etat se rattache, sous tant de rapports, à la responsabilité mi-

(1) Rapport de M. Laplagne, p. 11.

nistérielle, qu'il étoit plus convenable et plus prudent d'attendre les propositions du gouvernement que de les devancer(1). En 1837, la commission amenda ces propositions au point d'y introduire la juridiction directe; mais ce fut avec une circonspection qui ne forçait le gouvernement à se défendre, pour ainsi dire, que contre un faux principe. Aujourd'hui le droit d'amendement s'est étendu; le faux principe a porté ses fruits, et l'autorité royale est menacée de la perte totale d'une de ses prérogatives constitutionnelles, de la plus importante.

La commission, dédaignant l'expérience et les enseignemens de quarante années, les leçons des hommes les plus compétens, l'opinion des Chambres législatives, dénature radicalement le Conseil d'Etat. Elle le compose de membres inamovibles, de membres amovibles, de membres temporaires, de membres d'occasion. Elle cherche à entourer quelques uns de ces membres de garanties qui ne sont ni utiles ni réelles, se faisant à contresens

(1) Rapport de M. Laplagne, p. 41.

plagiaire de l'Empire. Elle divise ce pêle-mêle qu'elle a créé, en deux sections distinctes ou mélangées, égales ou subordonnées; elle leur donne des fonctions et des attributions qui sont les mêmes, qui sont différentes, qui sont opposées, qui se contrôlent, qui se confondent. Elle institue un tribunal, qu'elle soumet à un conseil; de ce tribunal souverain, elle fait un simple comité. Des arrêts seront réformés par des avis. Elle attaque et discrédite la justice administrative, et elle en conserve une partie, celle qui a le moins de rapports avec l'administration, tandis qu'elle soumet l'administration à des juges. Sans pousser plus loin le rapprochement de ces contradictions, ne pouvons-nous pas demander si la commission a eu un système, ou si elle n'a voulu que faire une expérience judiciaire?

La juridiction directe, telle qu'elle est proposée, absorbe en effet tout ce qui est administratif. Elle est vouée à absorber l'administration entière. Les limites, si souvent douteuses et imperceptibles, qui séparent la justice civile et la justice administrative, disparaîtront bientôt. L'une et l'autre rendues par des tribunaux, qui ne tarderont point à être semblables dans leur organisation et dans leurs formes; l'une et l'autre déléguées, elles se confondront sans effort. Par un nouvel amendement et pour une dernière garantie, il ne s'agira que d'instituer une chambre administrative à chacune des Cours royales. Le système judiciaire sera complètement organisé alors, et l'œuvre de l'Assemblée constituante, sanctionnée par l'expérience d'un demi-siècle, aura disparu. C'est ainsi que la liberté, mal comprise, ramène à l'anarchie et conduit au despotisme.

Les inévitables résultats de la juridiction directe seraient donc la confusion des principes de gouvernement et le bouleversement de nos institutions. En déléguant tous ses attributs, en se faisant suppléer dans toutes ses fonctions, le pouvoir exécutif travaillerait lui-même à établir l'opinion qu'il est inutile, tel qu'il est aujourd'hui constitué. L'autorité royale, au contraire, en défendant les prérogatives que la Charte lui confère, défend surtout les libertés publiques : voilà où sont les premières garanties des citoyens. Elles ne sont donc pas véritables ces exigences de la raison publique, comme dit la commission, qui se fondent sur les libertés pour attaquer ces garanties. Que deviendraient-elles les unes et les autres, si l'administration était subordonnée aux tribunaux?

L'erreur de la commission de 1840 provient de deux causes principales. La première, que nous avons déjà signalée, est l'habitude prise, pendant la Restauration, de chercher refuge et secours au sein de l'autorité judiciaire, habitude que tant de motifs font conserver, soit par esprit de corps, soit par esprit d'opposition. La seconde, c'est l'idée qu'un citoyen, en litige contre l'administration, ne saurait être entouré de trop de garanties contre elle. « L'établissement d'une « justice réelle au sein du Conseil d'Etat, dit « le rapporteur, est une garantie constitutionnelle due aux droits légitimes des citoyens « obligés de lutter contre le pouvoir : l'Etat « lui-même y est intéressé, car la justice est « son premier intérêt comme elle est son premier devoir. » Cela veut dire que le pouvoir est toujours en suspicion de partialité. Nous nous abstenons de faire encore ressortir la fausse interprétation donnée à la Charte, dans les dispositions de laquelle personne ne trouve la délégation de la justice administrative. Cette inamovible suspicion de partialité n'est plus de notre temps, ne peut plus s'attacher à notre gouvernement de publicité. D'ailleurs les ministres, dit M. le comte Portalis, ne sont point partie dans les affaires du contentieux administratif : ils sont de véritables juges, puisque la loi leur en attribue souvent la connaissance en première instance. Les citoyens qui soutiennent leur droit contre l'Etat, ou les établissemens que l'Etat représente, loin de considérer les ministres comme leurs adversaires, ne doivent voir en eux que les tuteurs de cette bonne police, de cet ordre et de cet intérêt publics, dont le maintien importe à tous, sans exception, et même à celui qui, dans une conjoncture particulière, se débat accidentellement contre eux (1). Et comme garanties suffisantes dans

(1) Rapport, p. 39.

un gouvernement représentatif, il faut reconnaître la liberté de la presse, les tribunes parlementaires et la responsabilité ministérielle.

Enfin la commission de 1840 ayant prétendu qu'il y a de grands avantages pour la prompte expédition des affaires, et même pour la maturité de leur examen, dans le partage des attributions et dans la division du Conseil d'Etat en deux sections, dont chacune doit s'occuper séparément de travaux, qui, dans l'état actuel, exigent le concours du Conseil d'Etat tout entier (1), la commission de 1835 lui répondra, pour nous, combien il est avantageux de laisser au même corps la haute surveillance sur les affaires administratives et sur les affaires contentieuses, afin qu'il profite pour les unes de l'expérience qu'il aura acquise pour les autres (2).

C'est ainsi qu'est justement déniée cette utilité, offerte comme le complément des avantages apportés par la juridiction directe.

(1) Rapport de M. Dalloz, p. 80.

(2) Rapport de M. Laplagne, p. 33.

Non, elle n'apporte ni petits, ni grands avantages au Conseil d'Etat, qui, une fois investi de cette funeste attribution, deviendrait la cause de tous les dangers et de tous les maux, qu'il combat si victorieusement aujourd'hui. S'il a besoin d'être réorganisé; s'il a besoin de la consécration d'une loi nouvelle; si le pays, qui sait qu'il y a divers ordres de juridiction en France, doit s'entendre redire que chacune d'elles est entourée de précautions tutélaires; s'il est des opinions erronées, qu'il faut éclairer et non satisfaire, eh bien, il est un moyen infaillible de pourvoir à ces nécessités, sans courir les hasards de théories périlleuses. Gardons-nous de commencer par renverser (et y porter atteinte, c'est s'exposer à le détruire), gardons-nous de renverser un édifice qui tient à tout le système de nos lois, qui a la sanction des temps, qui est fort du nom de son fondateur, comme de notre expérience de tous les jours, et qui fait partie à la fois et de notre puissance et de nos libertés (1). Pour l'amé-

(1) M. de Salvandy, séance de la Chambre des Députés du 31 mars 1835.

liorer, il faut consulter d'abord les pontifes de la science. Evoquez l'illustre Allent et l'illustre Cuvier; ils ont des héritiers au Conseil d'Etat, qui vous répondront pour eux. Ces émules de pareils maîtres vous diront que le travail le plus lumineux qui ait été achevé sur le Conseil d'Etat, est celui de la commission de la chambre des Pairs, en 1834. Là se trouvent les vrais principes de gouvernement et de liberté, parce qu'ils ont été posés par des hommes compétens, du plus profond savoir, de la plus grande habileté; là sont expliqués, et la nature, et les besoins de la justice administrative, qui a enfanté le Conseil d'Etat; là sont jugées, sans passion, ces décisions qui émanent d'une réunion d'hommes, mûris par l'expérience, exercés à l'application des lois et placés assez haut pour que personne ne puisse prétendre influer sur eux que par la raison (1). Là vous apprendrez qu'il est, pour les citoyens, d'autres protections qu'auprès de l'autorité judiciaire, et qu'il

(1) M. le baron de Fréville, séance du 29 janvier 1834.

faut adopter les institutions qu'exige le développement progressif des intérêts si compliqués, qui se manifestent dans les sociétés modernes : que l'inamovibilité n'est pas l'unique garantie d'une bonne justice, et qu'elle existe dans le caractère bien plus que dans la position (1) : en un mot, que la justice du Conseil d'Etat est aussi équitable que la justice des tribunaux. En étudiant ce travail si remarquable, vous aurez peu de changemens à lui faire subir pour l'approprier à nos exigences actuelles, et, d'ailleurs, vous trouverez, dans le sein même du Conseil d'Etat, les hommes qui, après l'avoir préparé, en 1834, le referont avec un nouveau zèle et des lumières de plus, en 1840. Ils vous expliqueront les besoins de son organisation ; la meilleure division entre ses fonctions administratives et contentieuses ; ses formes de procéder les plus protectrices. Vous pourrez hardiment présenter un tel projet au pays. Il

(1) A l'Assemblée nationale, Tronchet, Rœderer, plusieurs autres membres éminens s'élevèrent contre l'inamovibilité ; séance des 29 avril, 3 mai 1790, etc.

verra que vous ne le menacez pas d'une utopie qui porte tout dans ses flancs, excepté la justice et les intérêts du gouvernement, ses premières libertés. Il n'aurait pas compris cet amalgame confus des tribunaux dans l'administration, du Conseil d'Etat dans la justice; cette association anormale entre la juridiction directe et l'amovibilité, entre le texte de la Charte et son interprétation contestée; entre un arrêt souverain et une révision ministérielle. Mais il comprendra, lorsqu'on en aura appelé de l'opinion égarée à l'opinion jugeant sans méfiance, il comprendra cette manière simple, expéditive, économique et impartiale de rendre la justice. Tous apprécieront une garantie morale, qui est le Conseil d'Etat; une garantie réelle, qui est la responsabilité des ministres : le droit le plus jaloux ou le plus inquiet n'en recherchera pas d'autres. La maxime que juger les actes administratifs, c'est administrer, fera sentir la nécessité de ne pas diviser, c'est-à-dire de ne pas anéantir l'administration; la composition du premier corps administratif dissippera tout soupçon sur son austère impartialité. Sa dignité fera sa force, et sa popularité sa justice. Lorsque l'opinion publique aura été éclairée par une solennelle discussion, qui remplacera, par la vérité, l'erreur née des passions politiques; lorsque le Conseil d'Etat, tel qu'il est composé, tel qu'il fonctionne aujourd'hui, sera dégagé des nuages qui obscurcissent son indépendance, alors sera comprise seulement cette justice, qui, parce qu'elle est toujours conseillée et rendue dans l'intérêt de tous, ne pourra jamais devenir ni partiale, ni servile, ni envahissante. Mais une telle justice, le pays ne l'obtiendrait jamais d'une assemblée, dont la commission de la Chambre des Députés de 1840 aurait fait un Conseil des Dix ou un Forum.

FIN.

# TABLE DES MATIÈRES.



FIN DE LA TABLE.

www.ingramcontent.com/pod-product-compliance
Ingram Content Group UK Ltd.
Pitfield, Milton Keynes, MK11 3LW, UK
UKHW020108200726
13856UKWH00002B/447

9 782011 916556